大展好書　好書大展
品嘗好書　冠群可期

大展好書　好書大展
品嘗好書　冠群可期

輕鬆學武術 11

四十二式太極拳
競賽套路分解教學

（附 DVD）

合肥市武術協會 主編

張自山 編寫

何桂英 演練

大展出版社有限公司

出版說明

　　太極拳競賽套路係國家體委武術研究院組織著名教練員、太極拳名家和部分優秀運動員編製的七個競賽套路之一。參加這一套路的編寫人員有：門惠豐、計月娥、張山、李天驥、李德印。這一套路已經國家體委武術研究院審定，並由人民體育出版社出版。

　　競賽套路的推廣，對武術競賽的規範化、對武術的普及和提高起了積極的促進作用。合肥市武術協會在開展群眾性武術健身活動中做出了卓著的成績，教練員們在市民群眾中言傳身教，勇於探索，積累了豐富的經驗，在分解教學中方法上有所發展。與此同時，現代電子製版技術應用於圖書印製工藝，爲改進武術教材的圖片水準和合理版式提供了改革創新的有利條件。這就使我們萌生了組織編寫出版這套新型的武術教材的思路。

　　《四十二式太極拳競賽套路分解教學》嚴格遵照國家體委武術研究院的要求，參照傳統太極武功的功理和教學第一線的實踐經驗來編寫。對每個定式動作進行了精當的分解，每個分解動作配有準確而清晰的照片以及步法方位平面圖；所有說明文字都按運動過程、動作要點、注意事項、呼吸和攻防含義的順序逐條分述。各分解動作的照片均以演練人起勢面向正南

面時，從正南側拍攝，必要時增加攝自北側（不加
注）或東側、西側（均加注）的照片爲輔，務使讀者
易學易記，一目了然。

希望本書在當前推動群眾性武術健身活動的開展
中能發揮應有的作用。

安徽科學技術出版社

作者、演練人簡介

張自山，1933年生，安徽肥東人，國家幹部，曾爲合肥市勞動模範。自幼從師學長拳，後因關節炎病重，1963年師從陳誠齋習太極拳、劍及太極推手；1966年師從張品元習形意拳；1967年師從盧振鐸習太極散手；同年拜徐文忠爲師系統學習形意拳、械及孫式老架太極拳、擒拿、推手、散打格鬥等；1968年師從袁盛熙習八卦掌。擅長形意拳、八卦掌、太極拳三大內功拳種。

現爲安徽省武術協會委員、省硬氣功協會常委、市武協常委副主席兼副秘書長及技術教研組組長，全國形意拳協會合肥分會主席，爲國家一級武術裁判。武術八段位。

1982年參加安徽省武術比賽獲太極拳第一名、形意拳第一名；1990年參加全國太極拳競賽套路錦標賽獲孫式太極拳第三名、吳式太極拳第五名；1991年參加第三屆中日太極拳錦標賽獲孫式太極拳銀牌。多次參加合肥市太極拳、劍比賽，均獲第一名。

1968年開始傳授武術，到2009年底已舉辦過太極

拳、形意拳、八卦掌、太極推手、散打、擒拿格鬥等學習班320期，培訓學員兩萬八千餘人次，門內弟子108名，其中很多學生在參加全國、省、市級武術比賽時均獲前三名，爲武術事業培養出一批有用人才。

曾編寫《擒拿技法》《擒拿與格鬥》及《四十二式太極拳競賽套路分解教學》，均已由安徽科學技術出版社出版。

前　言

　　中華武術歷史悠久，源遠流長，博大精深，浩如煙海。在數千年中華民族的文明史中，中華武術在增強國民體質、防身健體、振奮民族精神方面起著重要作用，是我國寶貴的民族文化遺產。

　　太極拳是以太極原理立論的武術主要拳種之一。最早傳習於河南溫縣陳家溝陳王廷。他綜合各家拳術之長，以戚繼光《拳經》爲基礎，博取古代導引、吐納術以意行氣、以氣健身的方法，同時還採納了古代陰陽學說和中醫經絡學說，使拳理與哲學、醫學相結合，進一步創新和發展了太極拳運動。太極拳在長期流傳中，逐步形成陳式、楊式、吳式、武式、孫式各流派。各流派的太極拳雖然風格各異，但基本要領均相同，都要求：靜心用意，氣沉丹田，呼吸自然，中正安舒，柔和緩慢，連貫協調，虛實分明，輕靈沉著，剛柔相濟，圓活穩健，動作處處走弧線，以腹式呼吸爲主。在技法上主張避實就虛，以逸待勞，以靜制動，常常是借力打力，後發先至，有「四兩撥千斤」之奧妙。

　　中華人民共和國成立以後，黨和政府十分重視武術運動的發展，自1953年起組織力量相繼編寫了二十四式太極拳、四十八式太極拳、八十八式太極拳和三

十二式太極劍等套路；1988年起，爲了適應國內外武術競賽的需要，國家體委武術研究院組織力量編寫了四十二式《太極拳競賽套路》、四十二式《太極劍競賽套路》，以及分別具各派風格的陳、楊、吳、孫四式的太極拳競賽套路，使太極拳運動的發展更加規範化、系統化和科學化。隨著武術運動的普及和發展，太極拳越來越受到人們的青睞。它不僅能夠鍛鍊身體，增強體質；同時能陶冶性情，培養堅忍頑強、勇敢奮進的意志；還可以豐富群眾的文化生活，給人以美的享受。

合肥市武術協會成立於1979年，經過20多年的發展壯大，已成爲安徽省先進的武術協會之一，多次受到省體委的表彰。下屬的武術輔導站已從初期的幾個發展到50多個，參加活動的人數已由初期的數百人發展到現在的近萬人。在普及太極拳的教學與輔導過程中，我們培養出一大批德技兼備的優秀輔導員、教練員、運動員，在國際、國內和全省太極拳比賽中屢有令人矚目的成績，並且爲合肥市人民健身活動作出了貢獻。

爲了全面總結我們在太極拳（劍）教學中積累的成功經驗和有效的教學方法，以便更加規範我們的教學內容，進一步提高教練員水準，並給廣大太極拳愛好者提供在課外復習和自修的翔實而有針對性的輔導材料，我們下決心編好這套既準確實用又易學易記的武術教材。

這套教材在嚴格遵照國家體委中國武術研究院編

寫的各式太極拳（劍）套路規定要求的前提下，充分吸收我們在群眾性教學中，對各定式的最明確的分解和最有效的教學方法，將解說內容分項逐條解說清楚。

爲了給讀者提供最眞實生動的形體變化示範，我們組織在這些套路的全國性比賽中的優勝者擔任演練員，爲每一分解動作配置了生動的照片；並運用現代電腦製版技術將照片與表示動作運行方向的弧線結合起來。考慮到下盤的準確移動是全身運轉正確、分清虛實的根基，很多分解動作還配置了兩足位置和移動變換方向的示意圖，爲讀者自行琢磨、糾偏提供了指導。

爲了確保這套叢書的編寫品質，合肥市武協組織富有武術理論和教學經驗，並有較好文字表達能力的教練員組成本叢書的編審委員會。編審委員會成員有：徐淑貞（主編）、吳兆祥、吳丹江（副主編）及張自山、張家本、熊人澤、王信和、徐少農、常青共9人。由編審委員會確定各分冊的編寫人、演練人，並集體審定文稿和圖片。

限於水準，書中難免有疏漏之處，尚望武術同道和廣大讀者不吝指教，以便今後修訂完善。

合肥市武術協會

本書圖例

〔步法方位示意圖〕

	左足著地
	右足著地
	左足掌著地（虛步）
	右足掌著地（虛步）
U	足跟著地
○	提腿懸足
▲	丁步，足尖著地，尖頭示足尖方向
△	收腳不著地，尖頭示足尖方向
A	分腳，抬腳，腳尖向前，腳面展平
Π	蹬腳，抬腿，力達腳跟，腳尖回勾
↓↘	示擺腳、扣腳或踹腳方向

〔照 片〕

------→ 示左足或左手移動路線

——→ 示右足或右手移動路線

目 錄

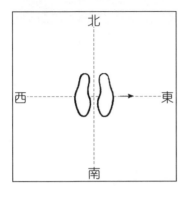

預 備 式
併腳鬆站立

　　兩腳平行併攏站立，兩手自然下垂輕貼兩腿外側，下頦微內收，頭頸中正，兩肩鬆沉，胸腹舒暢，意識集中，呼吸自然，精神飽滿。目視前方。

　　兩腳站立時，腳尖不可外斜。在鬆肩的同時，兩肩應向前微合，使胸部有內含之意，但不可過分。注意不可聳肩、歪頭、挺胸、凸臀。要微鬆膝，周身舒鬆輕靈，意念集中，面部自然。

　　採用自然呼吸法。

　　【攻防含義】攻防體用為以靜制動。

第 一 段

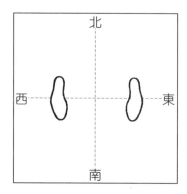

一、起 勢

（一）左開步站立

　　左腳跟先離地，繼而全腳離地，向左側橫開步，兩腳距離與肩同寬，腳尖向正前方。兩手自然下垂，輕貼兩腿外側。目平視前方。

　　動步時，左腳要緩緩離地，落步時要輕靈柔和，漸漸全腳踏實。兩腳平行，處在同一水平線上，重心落於兩腳之間。注意開步時上體保持中正。兩手不可隨開步而上下晃動。意念要集中。

　　起步吸氣，落步呼氣。

　　【攻防含義】攻防體用為以靜制動。

一、起　勢
（二）兩臂前平舉

　　兩手臂緩緩向前平舉，與肩同高、同寬，手心向下，兩肘微下垂。目視前方。

　　舉臂時以肩為軸，以臂帶手，用意不用力，緩緩向前平舉。注意兩臂前平舉時，要鬆肩垂肘，手腕與掌背大體持平，五指要舒展平整微內含，不可僵臂、凸腕、聳肩、抬肘、挺膝。

　　舉臂為吸氣。

　　【攻防含義】體用為設對方向我伸手侵犯，我便隨勢抬起雙臂上掤以化解之。

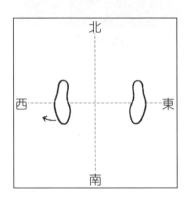

北

西 ---- 東

南

　　兩腿緩緩屈膝下蹲,兩手掌輕輕下按,落於腹前,掌膝上下相對。目視前方。

　　兩腿緩緩屈膝半蹲,同時兩手掌輕輕下按,上體保持中正,鬆腰、坐胯、斂臀。注意屈膝下蹲與兩掌下按同時到位,下蹲時不可前傾後仰;兩掌下按時,兩肘微內收,不可外張,要鬆肩垂肘。

　　兩掌下按為呼氣。

　　【攻防含義】設對方用手向我胸部擊來,我雙手上舉化之,緊接屈肘下按,將其按倒。

二、右攬雀尾

（一）擺腳微畫弧

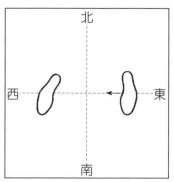

北
西
東
南

　　右腳尖稍外擺，同時身體向右轉，約45°。右臂隨轉體畫弧屈於胸前，手心向下；左手隨體微向右畫弧，手心斜向前。目視兩手間前方。

　　擺右腳、右臂、左手畫弧三者要協調一致，同步到位。上體保持中正。注意擺右腳畫弧時，右腳掌不可踏實，微離地面；右轉體角度不可過大，重心落於兩腳之間。

　　擺右腳畫弧為吸氣。

　　【攻防含義】設對方出手向我右腹部進擊，我順勢右轉體化讓之。

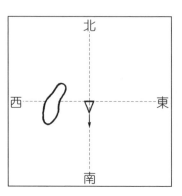

二、右攬雀尾
(二)提左腳抱球

上體右轉，右掌上抬屈臂於胸前，掌心向下；左手外旋，向右畫弧至右腹前，手心向上，與右手相對如抱球狀，兩臂弧形。重心移至右腿，左腳收於右腳內側，不落地。目視右手前。

提左腳與抱球要同時協調到位。注意提左腳抱球時，上體要舒鬆中正；右腿微屈，不可直立；身體不可出現高低起伏。

提左腳抱球為呼氣。

【攻防含義】設對方伸出右手來犯，我便微右轉體，收左步，同時以左手畫穿至彼右臂下方，以右掌壓控彼右臂上方，彼招自然化解。

二、右攬雀尾
(三)微轉體上步

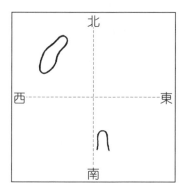

　　上體微左轉，左腳向左前方上步，腳跟輕輕先落地，腳尖上翹。兩手上下微微相合。目視左前方。

　　左腳跟落地與兩手微微相合要同時到位。轉體上步時，注意坐胯，不可凸臀前傾；左腳跟輕輕著地，重心落於右腳。

　　轉體上步為吸氣。

　　【攻防含義】設對方伸出右手來犯被我控制時，我即上左步套住彼右腿，同時以兩掌合力拿住其手腕待發。

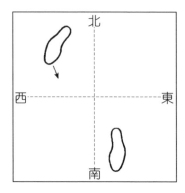

二、右攬雀尾

(四)弓步掤分手

　　上體繼續左轉，重心前移成左弓步。同時左臂向前掤出，呈弧形，左手同胸高，手心向內，指尖向右；右手向下落於右胯旁，手心向下，指尖向前，臂微屈。目視前方。

　　上體左轉、左臂掤出與右手向下分落要協調，掤、落與左弓步應同時到位。弓步掤臂形成時，左腕左臂呈弧形，右手落於右跨旁，微坐腕。弓步形成時橫跨度約為30公分，身體中正，鬆肩垂肘。

　　弓步掤分手為呼氣。

　　【攻防含義】攻防接上動，我右手沾住彼右手腕，左手臂緊貼彼胸肋部，隨重心前移弓步，將對方打出。

二、右攬雀尾

(五)提右腳抱球

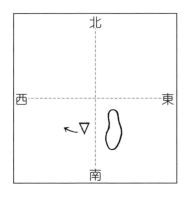

　　上體微左轉，右腳收至左腳內側。左臂內旋屈於左胸前，左手心翻轉向下，與胸同高，指尖向右；右臂外旋，右掌向左畫弧至左腹前，掌心向上，指尖向左，兩掌相對如抱球狀。目視左掌前。

　　轉體、旋臂、抱球、收腳要協調一致。右腳收至左腳內側，腳尖自然下垂，但不沾地。身體中正。兩臂如抱球狀時，左肘微下垂，右掌不可緊貼身體，腋下含空。收腳抱球時，左腿微屈，不可直立，不可傾體凸臀。

　　提腳左抱球為自然呼吸，以一吸一呼為宜。

　　【攻防含義】設對方伸左手來犯，我便微左轉體收右步，同時以右手畫穿至彼左臂下方，以左掌壓控其左臂上方，來招自然化解。

21

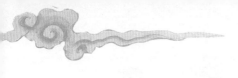

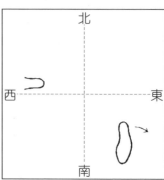

　　上體微右轉，右腳向右前方上步，腳跟著地。兩手上下微合，臂成弧形。目視右前方。

　　右腳向右前方上步時，腳跟輕輕著地，與兩手相合要上下協調同步到位。轉體上步時，要屈膝坐胯，不可凸臀、傾體，保持身體舒鬆；腳跟著地時要輕靈，無震動感，重心仍在左腿。

　　右轉體上步為吸氣。

　　【攻防含義】設對方伸出左手來犯，我即上右步套住對方左腿，同時以兩掌合力拿住對方手腕部待發。

二、右攬雀尾
(七)弓步掤分手

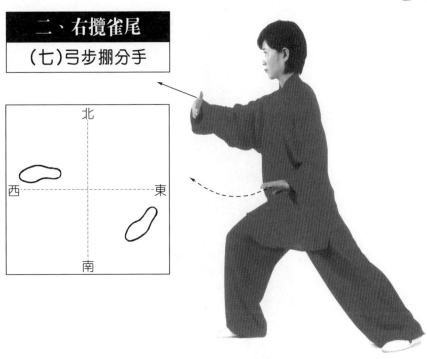

上體繼續右轉，重心前移成右弓步。左腳跟微外蹍，同時右臂向前掤出，臂微屈，弧形，掌心向內，高與肩平；左掌向左向下落於左胯旁，掌心向下，指尖向前。目視右前臂。

上體右轉、弓步、掤臂、落掌要協調一致，上下相隨緩緩運動，同時到位。要鬆腰沉胯，兩臂成弧形。注意以腰帶動四肢。在右弓步形成時，左腿直而不僵，應微鬆膝。

弓步掤分手為呼氣。

【攻防含義】攻防接上動，我左手拿住對方左手腕，右手腕及前臂緊貼對方胸肋部，隨重心前移弓步，將彼打出。

上體微右轉，右掌向右前旋伸，轉掌心斜向左前；同時左掌外旋向右前引伸至右前臂下方，轉掌心斜向上。目視兩手前方。

左掌向前引伸時，應以腰為軸，以腰帶臂，以臂帶手，協調一致。引掌到位時，兩掌心應斜相對。注意上體中正，不可傾斜。弓步時，左腿直而不僵。要鬆肩垂肘，腋下含空。

轉體引掌為吸氣。

【攻防含義】設我右手粘貼對方左肘部，左手托貼其左手腕部，以控待發。

二、右攬雀尾
(九)後坐轉體捋

重心後移，上體左轉。兩掌心向下捋至腹前。目隨右掌。

轉體坐胯、以腰為軸、兩臂帶兩掌下捋，三者應協調一致，同步到位。兩掌下捋應走弧線，重心後移落於左腿。上體不可後仰。要鬆腰坐胯，左腿屈膝，右腳尖不可上翹。

後坐轉體捋為呼氣。

【攻防含義】攻防接上動，當我兩手沾拿住對方的肘腕部時，隨即以合力將彼捋出。

二、右攬雀尾

(十)右轉體搭腕

上體微向右轉，右臂外旋屈肘橫於胸前，掌心向內，指尖向左；左臂內旋，掌心轉向前外，掌指搭附於右腕內側。目視右臂前方。

以腰為軸，帶動兩臂運動。橫臂搭腕形成時，重心仍落於左腳，上體保持中正。橫臂與胸同高，與胸保持約20公分距離。

右轉體搭腕為吸氣。

【攻防含義】攻防接上動，當我用捋勢而對方體重力大，難以捋動，我應不斷勁，右轉體並轉手搭腕待發。

二、右攬雀尾

(十一)右弓步前擠

重心前移成右弓步。兩掌同時向前擠出，兩臂撐圓。目視前方。

兩掌前擠與右弓步要協調一致，同步到位。兩掌前擠與胸同高。弓步形成時，上體保持中正，不可前傾，右膝不可超過腳尖。

右弓步前擠為呼氣。

【攻防含義】攻防接上動，當我轉過身來不斷勁，借著對方後拉勁順勢擠出，對方即應聲而倒。

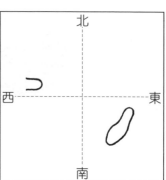

北

西 —————— 東

南

　　重心後移，右掌外旋前伸，掌心向上；左掌附於右小臂內側，掌心向下。同時右腳尖翹起。目視右掌前方。

　　右掌外旋前伸同時，重心後移坐胯。後坐時不可凸臀、傾斜、歪胯、聳肩，應保持身體中正安舒。

　　後坐前伸掌為吸氣。

　　【攻防含義】設對方伸左手來犯，我右手托其肘，左手搭拿其腕，以合力反彼關節。

二、右攬雀尾
（十三）右轉體畫弧

上體右轉，右掌向右後畫平圓，微屈肘，掌心仍向上；左掌指尖輕附於右小臂前端，掌心仍向下，隨右掌畫弧向右後運轉至右前側。目視右掌。

在向右畫平圓時，要鬆腰鬆胯，以腰為軸，以身帶臂，以臂帶掌，上下協調。腰部不可僵硬，右臂不可挺直。右膝部應微鬆屈，做到鬆肩垂肘，周身輕靈。

右轉體畫弧用調息。

【攻防含義】設對方出左手侵犯，我便順勢向右外擺掌化解之。

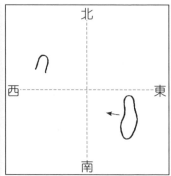

二、右攬雀尾

（十四）左轉體屈肘

北

西 — — — — — — 東

南

身體左轉，右腳內扣左腳微內蹍。右臂內旋，右掌心向上；左掌仍附於右腕部內側。隨左轉體屈肘，右掌平旋內收畫至右肩前，掌心斜向上。目隨右掌。

左轉體扣腳與右臂屈肘、畫弧、收掌應協調同步。在轉體屈肘畫弧時，上體應保持中正，不可歪身傾體。腋下應含空。

左轉體屈肘為呼氣。

【攻防含義】設對方出左手向我右耳門打來，我順勢左轉體，右掌同時旋翻畫弧以解之。

二、右攬雀尾

（十五）丁步斜按掌

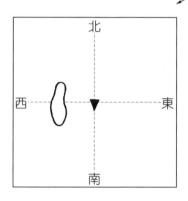

　　右腳落實，上體微右轉，重心右移，左腳收至右腳內側，腳尖著地成丁步。右臂內旋，右掌翻轉向右前方立掌按出，腕高與肩平，掌心向外；左掌隨之翻轉向內，指尖附於右腕內側。目視右掌。

　　右按掌與左丁步要同時到位；右掌與左掌翻轉應協調一致。兩腋下須含空，不揚肘。右腿應保持一定的彎曲度，做到鬆肩垂肘，上體中正。

　　丁步斜按掌為呼氣。

　　【攻防含義】設對方出手擊我右耳側被我右旋掌化解後，我勁力不斷，順勢向對方面部撲打。

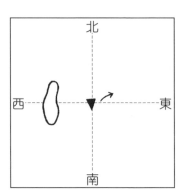

三、左單鞭
(一)勾手微左轉

上體微左轉，重心仍在右腿。左掌向左畫弧至面前，右掌變勾手。目視左掌。

勾手與左掌向左畫弧應協調同步。以腰帶動上體左轉。屈膝坐胯時，上體中正。

勾手微左轉為吸氣。

【攻防含義】設我以右手纏拿對方左手腕，而對方又出右手來犯時，我以左掌向前向上挑以化解之。

三、左單鞭
(二)上左步畫弧

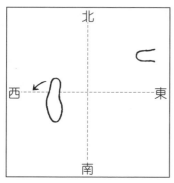

北

西 —— 東

南

上體繼續左轉，左掌繼續向左畫弧與臉相對。同時左腳向左前方上一步，腳跟輕輕著地。目隨左掌。

左轉體時，重心落於右腳，左腳跟著地要輕。轉體時要鬆腰鬆胯。上步與畫弧須協調一致，同步到位。注意上體保持中正，不可前傾凸臀。

上左步畫弧為調息。

【攻防含義】攻防接上動，我左掌繼續向左外擺挑對方手臂，同時上左步攔套彼腿，使對方有力使不出。

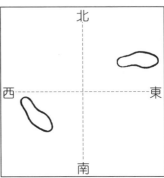

北

西————東

南

重心前移成左弓步，右腳跟微外蹍。左前臂內旋，左掌翻轉，向前推出，掌心向前，腕高與肩平。目視左掌。

弓步推掌形成時，應做到鬆腰沉胯，上體舒鬆中正。兩臂要舒鬆側平舉。左前臂內旋帶左掌翻轉，應緩緩運動。左掌向前推出時身體不可前傾。左弓步形成時，左腳與右腳應有一定的橫跨度，不能在一條直線上。

左弓步推掌為呼氣。

【攻防含義】攻防接上動，我右手吊拿對方左手腕，左腳已攔控其右腿，隨重心前移弓步，左掌向前擊打對方胸面部。

四、提 手

(一)微後坐蹺腳

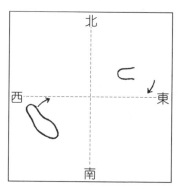

　　重心後移，左腳尖蹺起。目視左掌前方。

　　微後坐蹺腳時，上體保持中正。微後坐時，上體不能後仰，應沉胯，左腿應保持一定的彎曲度。不可凸臀。

　　微後坐蹺腳為吸氣。

　　【攻防含義】設對方出手向我頭部進擊，我身體後坐讓之。

四、提 手
(二)右轉體擺掌

　　上體右轉，右腳跟微內蹍，左腳尖內扣。左掌向右平擺至胸前，右臂隨轉體側擺。目視左手。

　　重心移向右腿，上體保持中正。左手掌指與鼻尖同高，右手腕與肩同高。注意鬆腰沉胯，不凸臀。右腿應有一定的彎曲度。

　　右轉體擺掌為呼氣。

　　【攻防含義】設對方從我右側進擊，我速右轉體，同時向右擺掌化解之。

四、提　手

(三)左轉體平帶

　　重心左移，右勾手變掌，掌心向下，稍向前平帶；左臂微屈肘，左掌稍向左帶，掌心斜向下。目視右掌前方。

　　右勾手變掌平帶與身體重心左移要同時進行。右勾手變掌應以虎口為力點，手腕與肩同高，不要隨左轉體下落擺動。左掌向左平帶，與上胸部同高。

　　左轉體平帶為吸氣。

　　【攻防含義】設對方出左手從我右前進擊，我隨之重心左移，微左轉體，同時右掌向前平帶沾攔其臂，使來招落空。

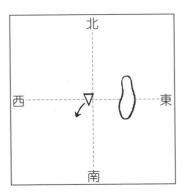

四、提 手

（四）微右轉提腳

上體微右轉，右腳提起，位於左腳內側而不下落。右掌向左向上再向右畫弧，掌心向前下，與目同高；左掌向左向下畫弧至體側，掌心斜向前。目視右掌前方。

應以腰帶臂，並使右腳提起。重心落於左腳時，左腿微屈，上體中正，不得後仰。

微右轉提腳為吸氣。

【攻防含義】設對方用腳挑我右腿，我重心坐實立穩，隨提右腳讓之。

四、提 手
（五）右虛步合掌

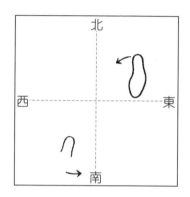

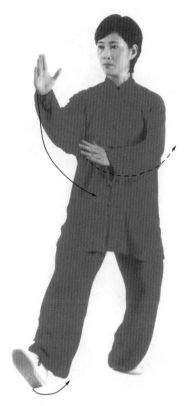

重心落於左腳，右腳向右前方出步，腳跟輕輕著地，腳尖上翹，成右虛步。右掌外旋成側立掌舉於體前，指尖高與眉齊，掌心向左；左臂屈收，左掌也成側立掌，合於右肘內側。目視右掌。

以臂帶掌、兩手臂體前相合與右腳尖上翹、腳跟著地四者應同時到位。兩手臂相合時，保持上體中正，不得前傾、後仰、凸臀。

右虛步合掌為呼氣。

【攻防含義】設對方伸左手來犯，我左手沾拿其腕，右手粘貼其肘，同時合力反其關節，將彼打出。

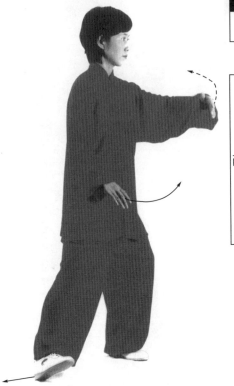

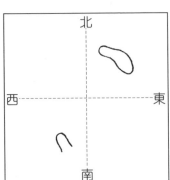

上體左轉、左腳跟微內蹍、右腳尖內扣。兩手向左下方畫弧，左臂內旋，左掌心向下，停於左胸前；右掌向左下方畫弧，掌心向體內，停於體右側。目視前方。

重心在左腳，兩掌隨左轉體向左下方畫弧；同時右腳隨轉體稍內扣。在轉體扣腳時，上體須中正，不得前傾。兩腋含空。

左轉體畫弧為吸氣。

【攻防含義】設對方從我左後側向腰部進擊，我速左轉體畫弧以解之。

五、白鶴亮翅
(二)右撤步抱球

　　上體微左轉，右腳稍後撤，成左弓步。兩臂微屈抱於左胸前，左手在上，掌心向下；右手在下，掌心向上。目視左手前方。

　　抱球與撤步應同時到位，兩腳均微內扣。注意上體中正，鬆腰沉胯。兩掌抱於左胸前時，腋下含空，不得夾臂。上體不可前傾。

　　右撤步抱球為呼氣。

　　【攻防含義】設對方伸雙手向我進犯，我右腳微後撤步；同時兩手向內旋抱於胸前，伺彼招破之。

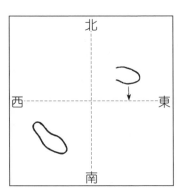

北

西 ------- 東

南

重心右移，左腳跟微內蹍提起，上體右轉。兩手邊合邊舉至右肩前。目視右手。

以腰帶臂，邊合邊挑，協調一致。重心由左腿移於右腿，右腿微屈。挑掌時上體中正，不可起身。

後坐右挑掌為吸氣。

【攻防含義】設對方從我右前進擊，我雙手向右上抬挑化之。

五、白鶴亮翅
(四)虛步分舉掌

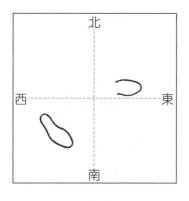

（攝自東側）

上體微左轉，左腳稍內收成左虛步。右掌舉至右額前上方，掌心向內；左掌按於左胯旁，掌指向前，掌心向下。目視前方。

轉體與右手上挑、左手下按三者要協調同步到位。重心落於右腿，上體中正，不可後仰前傾。坐胯、斂臀，不可塌腰、凸臀。

虛步舉分掌為呼氣。

【攻防含義】設對方出手進擊我面部，同時又出腳攻擊我下腹部，我以上下分掌之勢齊化之。

六、摟膝拗步
(一)微轉身落掌

（攝自東側）

　　上體微左轉，右掌外旋向左畫弧自頭前下落。目視右手。

　　右臂外旋下落與上體微左轉應協調同步。落掌要鬆肩垂肘。右掌應落於身體的正前方，腕與肩同高。上體微左轉，不可歪扭。重心仍在右腿。

　　微轉身落掌為調息，以一吸一呼為宜。

　　【攻防含義】設對方出手向我胸面進擊，我身體微轉，同時右掌隨轉體向左向前向下擊打對方面、胸部，以化解來犯之勢。

四十二式太極拳競賽套路分解教學

六、摟膝拗步

(二)右轉體畫弧

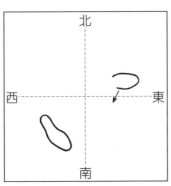

上體右轉，隨之右手向下向右畫弧至體右側，掌指斜向下，掌心斜向內；左手外旋向上向右畫弧至左面前。目視右前方。

兩臂畫弧與轉腰應協調一致，同步到位。應以腰帶動兩手臂畫弧，不可只畫手、不轉腰。重心仍落於右腿。

右轉體畫弧為吸氣。

【攻防含義】設對方出手向我頭左側打來，我左掌向上向右化之。對方同時向我右肋下進招時，我右掌隨右轉體向下向右化解之。

四十二式太極拳競賽套路分解教學

45

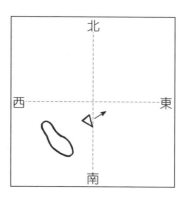

　　上體繼續右轉，右掌向上畫弧托至右側上方，指尖與頭同高，掌心斜向上，左掌向右向下畫弧至右肋旁，手心向下。左腳收至右腳內側而不下落。目視右手。

　　以腰帶臂畫弧，自然協調。右掌向上托，左掌向下壓，形成合力。重心落於右腳。保持上體中正，不要右傾。右臂托掌不聳肩，左臂屈臂壓掌不夾臂，腋下含空。

　　提左腳托掌為吸氣。

　　【攻防含義】設對方伸左手從我右前進犯，我右掌向上托其肘，同時左掌向右前下落，蓋拿其腕，兩臂以合力反彼臂關節。

六、摟膝拗步

(四)上步伸收掌

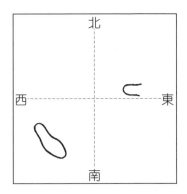

上體左轉，左腳向左前方上步，腳跟輕輕著地。右臂屈肘，右手收至耳旁，掌心斜向前；左手向下向左畫弧至腹前。目視前方。

上體左轉、左腳上步與右臂屈肘三者應協調一致，同步到位。左腳跟著地要輕，避免震動感。重心落於右腿，上體保持中正，不要前傾或凸臀。不可歪胯。

上左步屈肘為呼氣。

【攻防含義】設對方出腳向我腹部進擊，我身體左轉，上左步，同時左掌向下向左畫弧以解之，右掌收於耳側待發。

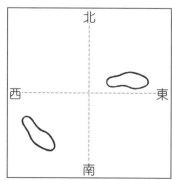

北

西--------東

南

重心前移成左弓步。右手成立掌向前推出，指尖高與鼻平；左手由左膝前上摟過，按於左胯旁。目視右掌。

左弓步形成、左手摟膝與右推掌三者應協調一致，同步到位。注意鬆腰沉胯，上體中正，不前傾。弓步時，左膝不超過左腳尖；右腳跟催力與右手推掌方向一致，即右推掌與右腳跟在一條直線上。

弓步摟推掌為呼氣。

【攻防含義】設對方從我前方出招，我左手向下向左摟化之，同時右掌向前推打令彼倒地。

六、摟膝拗步

(六)微後坐蹺腳

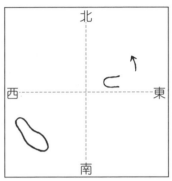

　　重心稍後移，右腿鬆屈，左腳尖蹺起。右掌微塌腕轉掌心斜向前；左掌微外旋，掌心斜向下。目視右手前方。

　　重心後移、右掌微微塌腕與左掌微外旋三者應協調一致，同步到位。後坐時，左膝放鬆微屈，不可挺直；尾閭要中正，不得後仰。

　　後坐蹺腳為吸氣。

　　【攻防含義】設對方從我前方進擊，我即於後坐的同時右掌前伸化之。

六、摟膝拗步
(七)擺腳微左轉

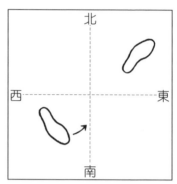

上體微向左轉，左腳外擺踏實，重心微移於左腿。兩手同時向左畫弧。目視左前方。

重心移於左腿時，應以腰帶動左腳外擺。兩手向左畫弧時，兩掌心斜相對。上體微左轉、擺左腳、兩手向左畫弧三者應協調一致，同步到位。身體不可拿勁，應中正安舒。

擺腳微左轉為吸氣。

【攻防含義】設對方向我左前方進擊，我順勢左轉，同時右臂屈肘，右掌向上向左畫弧解之。

六、摟膝拗步

(八)提腳左托掌

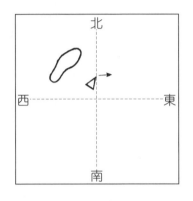

重心緩緩前移，左腳踏實，重心移至左腿；右腳提收至左腳內側而不下落。同時，左手向左向上畫弧舉至身體左前上方，與頭同高，掌心斜向上；右手向左向下壓至左肋旁，掌心向下。目隨左掌。

重心移至左腿後緩緩收右腳，收右腳、左托掌、右壓掌三者應協調一致，同步到位。收腳托掌時，左腿屈膝，不可挺直，以免身體出現起伏。左托掌與右壓掌應形成合力，兩臂微屈。

提腳左托掌為呼氣。

（攝自東側）　【攻防含義】與摟膝拗步（三）同，唯左右相反。

六、摟膝拗步

（九）上步伸收掌

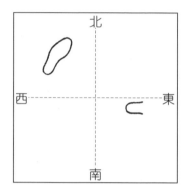

　　上體右轉，右腳向右前方上步，腳跟輕輕著地。左臂屈肘，左掌內旋收至耳旁，掌心斜向前；右手向下向右畫弧至腹前。目視前方。

　　上體右轉、右腳上步、左臂屈肘三者應協調一致，同步到位。右腳跟落地要輕，避免有震動感。重心落於左腳，上體保持中正，不可前傾或凸臀。

　　上右步屈肘為吸氣。

　　【攻防含義】與摟膝拗步（四）同，唯左右相反。

（攝自東北側）

　　重心前移成右弓步。左手成立掌向前推出，指尖高與鼻平；右手由右膝前上摟過，按於右胯旁。目視左掌。

　　右弓步形成、右手摟膝按掌、左推掌三者應協調一致，同步到位。注意鬆腰沉胯，上體中正，不前傾。弓步時右膝不得超過腳尖；左腳跟催力與左手推掌力方向一致，即左推掌與左腳跟在一條直線上，不可內外斜推。

　　弓步摟推掌為呼氣。

　　【攻防含義】與摟膝拗步（五）同，唯左右相反。

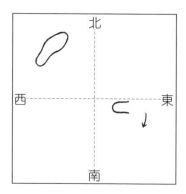

北

西 — — — — — — — — — 東

南

　　重心稍後移，右腳尖蹺起，左掌微塌腕前伸，掌心斜向前；右掌隨重心後移，向下向後微畫弧，掌心斜向下。目視左手前。

　　重心後移、左腿屈膝、右腳尖蹺起、鬆右膝、後坐蹺腳等下盤動作與左掌微塌腕、右掌畫弧等上肢動作應協調一致，同步到位。注意上體保持中正，不後仰。右腿不可挺直。兩臂微屈，身體舒鬆。

　　後坐蹺腳為吸氣。

　　【攻防含義】攻防中我以摟推掌打擊對方後，應立即後坐撤回，並伸掌防範待發。

七、撇身捶
(二)微右轉分掌

　　重心微前移，右腳尖外擺，上體右轉。左手向左前伸展，手心向下；右前臂外旋，右手向右後方畫弧，兩手分開。目視左前方。

　　重心微前移、擺腳、轉體與兩掌畫弧分展應同步到位。注意上體應中正，不後仰。右腳外擺不得超過45°，兩臂分展不得過散。上下舒鬆自然。

　　轉體分掌為吸氣。

　　【攻防含義】設對方見空向我胸部擊來，我重心後坐，同時右轉體化之。

四十二式太極拳競賽套路分解教學

七、撇身捶
（三）提腳左握拳

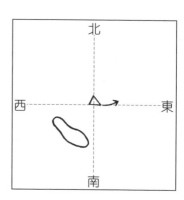

重心緩緩前移，落於右腳；左腳收於右腳內側而不下落。左手握拳，下落於小腹前，拳心斜向內，拳眼向右；右手向上向體前畫弧，附於左前臂內側上方，手心向下。目視左前方。

收腳與落拳應協調一致，同步到位。右腿微屈，不可直立。上體保持中正，鬆肩屈臂，不可抬肘。兩腋須含空。

收左步握拳為呼氣。

【攻防含義】設對方握住我左手腕，我隨之左手變拳收左步，同時以右手緊緊扣壓住對方手臂，用合力拿牢待發。

七、撇身捶

(四)斜上步舉拳

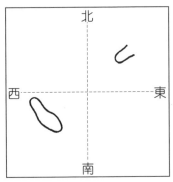

　　上體微左轉，左腳向左前方上步，腳跟著地。左臂屈肘，左拳向上舉於面前，拳眼向內，拳心斜向下；右手隨左拳上舉，仍附於左前臂。目視左拳。

　　左腳上步時，腳跟著地要輕。右腿微屈，上步與舉拳應協調一致，同步到位。上體保持中正，不前傾凸臀。兩膝放鬆，坐胯，兩臂撐圓。

　　斜上步舉拳為吸氣。

　　【攻防含義】攻防接上動，對方拿住我左手腕時，我順勢上左步，同時以右手緊壓其手背，隨左拳向上向左旋舉，拿傷彼腕關節。

七、撇身捶
（五）左弓步撇捶

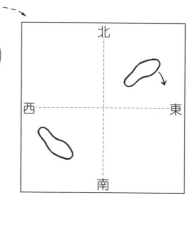

北

西 ——— 東

南

　　重心前移，右腳跟微外蹍，成左弓步。左拳外旋隨上體微左轉翻轉向前撇打，拳心斜向上，與頭同高；右手仍附於左前臂內側。目視左拳。

　　以肩關節為軸，左臂發力以拳背為力點擊打對方頭面部。重心前移時，腿部從馬步過渡成弓步，應上下協調一致，同時到位。注意鬆腰沉胯，左膝不超過腳尖。上體中正，不前傾。兩臂微屈，鬆肩垂肘，腋下含空。

　　左弓步撇捶為呼氣。

　　【攻防含義】設對方手腕被我拿傷時，彼必鬆勁。我趁勢弓步，向彼胸面部撇捶擊打。

四十二式太極拳競賽套路分解教學

58

八、捋擠勢
(一)後坐左托掌

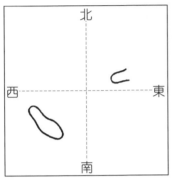

重心稍後移，左腳尖上翹微內扣，上體微右轉。左拳變掌；右掌向右畫一平弧，隨即收於左前臂內側。目隨左掌。

重心稍後移、左腳尖內扣、上體微右轉、右掌向右畫一平弧諸動作應協調一致，同步到位。注意上體保持中正，不後仰。兩臂微屈，不揚肘。鬆腰鬆膝，不凸臀。

後坐拳變掌為吸氣。

【攻防含義】設對方出右手進犯，我在微右轉體的同時，以左手順勢托拿其肘部，右手蓋拿其手腕，以合力反彼關節。

八、捋擠勢
(二)左弓步穿抹

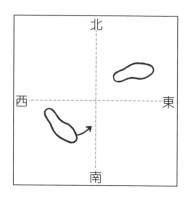

重心移向左腿，成左弓步。上體繼續右轉，右掌由左前臂上穿出，向右前平抹，掌心斜向下，與肩向高；左掌收落於右肘內側下方，掌心斜向上。目隨右掌。

左弓步形成與右掌穿抹要同時到位，以腰帶臂，協調完成。注意上體保持中正，不前傾、凸臀。右臂微屈，左腋下含空，不夾臂。

左弓步穿抹為呼氣。

【攻防含義】攻防接上動，當我拿住對方右手臂而對方又伸左手來犯時，我隨之微右轉弓步，同時以左手托拿其腕，右掌穿拿其肘，攻防在其中。

八、捋擠勢
(三)收步提腳捋

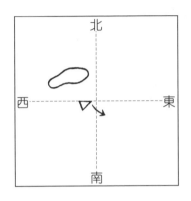

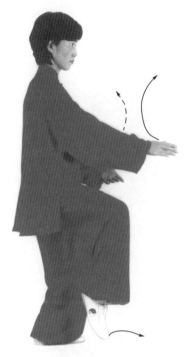

（攝自東側）

重心移至左腿。兩掌同時向下、向後捋，左掌捋至左胯旁，右掌捋至腹前。右腳提收至左腳內側而不下落。目視前方。

兩掌向下向後捋、左腿微蹲、右腳提收三者應協調一致，同步到位。注意重心緩緩移向左腿，左腿屈膝。收右腳時，身體不可站起，上體保持中正。

收步提腳捋為吸氣。

【攻防含義】攻防接上動，當對方左手臂被我拿住時，我順勢左轉體捋之，使彼失重。

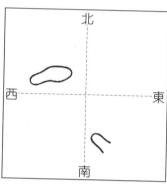

八、捋擠勢
（四）搭腕上步掤

右腳向右前方上步，腳跟著地。同時左前臂內旋，右前臂外旋，兩手翻轉屈肘掤臂於胸前；右手心向裏，左手心向外，兩手心相對，左掌附於右腕內側。目視前方。

右腳出步時著地要輕，兩手翻轉屈肘掤臂要同時到位，兩臂要掤圓。注意上體中正，不前傾、凸臀。右腿微屈，右膝放鬆，不可挺直。

搭腕上步掤為吸氣。

【攻防含義】設對方伸手來犯，我左手蓋拿其手腕上方，右手臂掤托其手腕下方，同時上右步與雙手合力，使對方有力使不出。

八、捋擠勢
（五）右弓步前擠

重心前移，成右弓步。兩臂同時向前擠出，兩臂撐圓。左掌指貼於右腕內側，掌心向外，指尖斜向上；右掌心向內，指尖向左，高與肩平。目視右掌前方。

弓步形成與兩臂前擠要同時到位。注意重心緩緩前移，左腿由彎屈緩緩蹬直。鬆腰沉胯。兩臂前擠撐圓，不揚肘，不前傾。

右弓步前擠為呼氣。

【攻防含義】攻防接上動，當對方手腕部被我拿住時，我趁勢弓步前擠，使彼跌出。

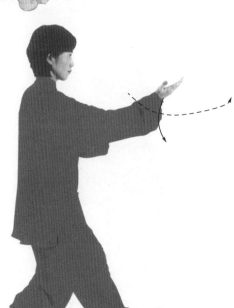

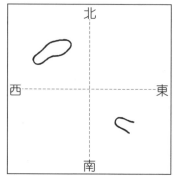

北

西 ---- 東

南

（攝自東側）

重心後移，右腳尖翹起微內扣。上體微左轉，右掌外旋前伸，手心斜向上；左掌向左畫一小弧，收於右前臂內側，目視右掌收前方。

後坐蹺腳與左掌向左畫一小弧要同時到位。注意上體保持中正，不後仰。鬆腰鬆膝。兩臂微屈，不揚肘，不凸臀。

微後坐蹺腳為吸氣。

【攻防含義】與（一）同，唯左右相反。

八、捋擠勢
(七)右弓步穿抹

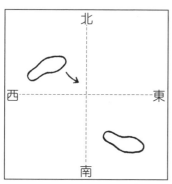

北

西 ———— 東

南

重心前移，成右弓步。上體繼續左轉，左掌由右前臂上穿出向左平抹，掌心斜向下，與肩同高；右掌收落於左肘內側，掌心斜向上。目隨左掌。

以腰帶臂向左穿抹。右弓步形成與左掌穿抹要同時到位。上體保持中正，不前傾、凸臀。兩臂微屈，腋下含空，不夾臂。

右弓步穿抹為呼氣。

【攻防含義】與（二）同，唯左右相反。

八、捋擠勢
（八）收步提腳捋

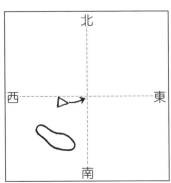

北

西　　　東

南

　　重心立於右腿，兩掌同時向下、向後捋，右掌捋至右胯旁，左掌捋至腹前。左腳同時收至右腳內側而不下落。目視前方。

　　兩掌向下向後捋與右腿屈蹲、左腳提收應協調一致，同步到位。注意右腿微屈，收左腳時，不使身體升提並保持上體中正。

　　收步提腳捋為吸氣。

　　【攻防含義】與（三）同，唯左右相反。

八、捋擠勢
(九)搭腕上步掤

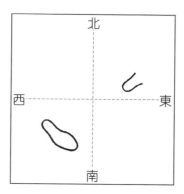

　　左腳向左前方上步，腳跟著地。同時右前臂內旋，左前臂外旋，兩手翻轉屈肘掤臂於胸前；左手心向裏，右手心向外，兩手心相對，右掌指附於左腕內側。目視前方。

　　左腳跟著地要輕，與兩手翻轉屈肘掤臂於胸前要同時到位，兩臂掤圓。鬆肩垂肘。上體保持中正，不前傾、凸臀。右腿微蹲；左膝放鬆，不可挺直。

　　搭腕上步掤為吸氣。

　　【攻防含義】與（四）同，唯左右相反。

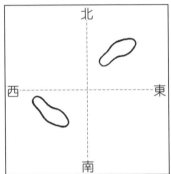

八、捋擠勢

（十）左弓步前擠

北

西　　東

南

重心前移，成左弓步。兩臂同時向前擠出，兩臂撐圓，右掌指貼於左腕內側，掌心向外，指尖斜向上；左掌心向內，指尖向右，高與肩平。目視左掌前方。

弓步形成與兩臂前擠要同時到位。注意重心應緩緩前移，右腿由屈緩緩蹬直，鬆腰沉胯。兩臂向前撐圓，不揚肘。

左弓步前擠為呼氣。

【攻防含義】與（五）同，唯左右相反。

九、進步搬攔捶
(一)微後坐蹺腳

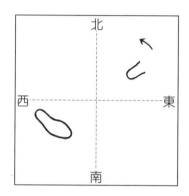

重心緩緩後移，右腿屈膝，左腳尖上翹。目視前方。

左腳尖上蹺時，左膝微屈放鬆。上體保持中正，不後仰，不凸臀。左膝放鬆，不可挺直。鬆腰坐胯。

微後坐蹺腳為吸氣。

【攻防含義】設對方出手向我面部進擊，我以重心後坐化讓之。

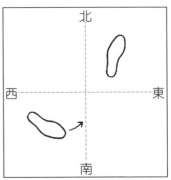

北

西 ──────── 東

南

　　左腳尖外擺，上體微左轉。
左掌向左下畫弧，掌心斜向上；
右掌向前方伸展，掌心斜向下。
頭隨上體轉動，目視左前方。

　　左腳尖外擺後逐漸踏實、上
體微左轉與兩手左下、右上畫弧
分展應協調一致，同步到位。左
腳尖外擺，上體左轉的同時，重
心微前移。上體左轉時應保持中正，不可歪斜。

　　擺腳分抹掌為呼氣。

　　【攻防含義】設對方出手腳向我進攻，我左掌向下向
左，右掌向上向右同時分畫以解之。

九、進步搬攔捶
（三）提腳握右拳

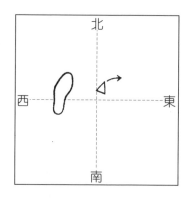

（攝自東側）

重心移向左腿，右腳收於左腳內側而不下落。左掌向左再向上屈肘捲收於體前，掌心斜向下；右掌變拳向下畫弧收於腹前，拳心向下。目視前方。

兩掌臂的動作要與下肢的移動協調一致，同步到位。注意重心緩緩移向左腿時，左腿微屈，不可起立。保持上體中正。兩腋下含空，右肘不可外揚。

收腳握右拳為吸氣。

【攻防含義】設對方出手向我胸、面部進擊，我左掌向上向右攔截，同時右手變拳向下向左攔截以解之。

九、進步搬攔捶
(四)上右步搬捶

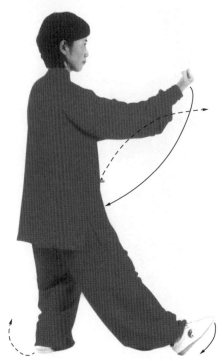

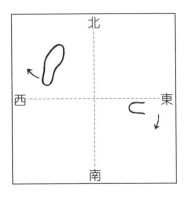

上體微右轉，右腳向前上步，腳跟著地。右拳經左臂內側向前翻轉搬出，拳心斜向上，高約與胸平；右掌順勢按至左胯旁。目視右拳。

上步、搬拳、按掌要同時到位，與上體微右轉協調一致。右腳跟著地要輕，膝部微屈、放鬆，不可挺直；左膝也微屈。上體中正，不可凸胯歪斜。

上右步搬捶為呼氣。

【攻防含義】攻防接上動，當對方伸手進犯時，我順勢左手下壓，同時右轉體上右步，右拳由下經內向上向前搬打對方胸、面部，使彼躲閃不及。

九、進步搬攔捶
（五）右轉體畫弧

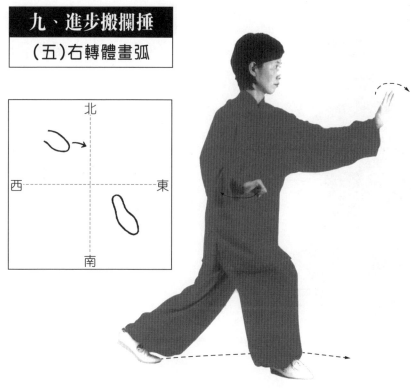

右腳外擺，重心移向右腿，上體右轉；左腳前掌著地，腳便提起。右拳內旋向右向後畫弧，屈肘收於體側，拳心向下；左前臂外旋，左掌向左向前畫弧至體前。目視左掌前方。

移重心、收右拳、左掌畫弧與上體右轉應協調一致，同步到位。以腰為軸帶動兩臂旋轉。兩膝放鬆、微屈。轉體時保持上體中正。

右轉體畫弧為吸氣。

【攻防含義】設對方出右手進擊，我身體右轉，同時左掌向前攔截以解之。

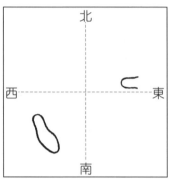

　　左腳經右腳內側向前上步，腳跟著地。右拳外旋收於右腰間，拳心向上；左掌翻轉成側立掌攔於體前。目視左掌前方。

　　左腳跟落地要輕，與左膝鬆屈、攔掌、收拳同時到位。注意左攔掌應微屈肘，右拳收於腰間不夾臂。重心落於右腿時屈膝坐胯，不可凸右臀。上體中正，不後仰。

　　上左步攔掌為吸氣。

　　【攻防含義】攻防接上動，我左掌攔截對方右手後，繼續沾牢不丟，並順勢上左步，使彼被動。

九、進步搬攔捶

(七)左弓步沖拳

重心前移，成左弓步。右拳向前打出，拳跟向上，高與胸齊；左掌收附於右前臂內側，掌心向右，指尖斜向上。目視右拳前方。

弓步形成與右拳打出要同時到位。注意右腿應緩緩蹬直，微屈膝沉胯。弓步時膝不可超過腳尖。上體中正，不可前傾。右拳衝出時右肩隨拳略向前引伸，沉肩垂肘，右臂微屈。

左弓步沖拳為呼氣。

【攻防含義】攻防接上動，我左掌在攔住對方右手進擊的同時，右拳隨弓步擊打對方肋下。

　　左掌外旋，掌心向上，從右前臂下穿出；右拳隨之變掌，掌心向上，兩腕交叉相疊。目視前方。

　　左穿掌前伸要緩緩運行，鬆肩垂肘，並與右拳變掌協調同步。兩腕相疊時兩臂應微屈，不可僵直。上體保持中正。

　　弓步左穿掌為吸氣。

　　【攻防含義】設我出右拳而被對方拿住手腕，我速以左掌從自己右小臂下方向前穿分以解之。

十、如封似閉
(二)後坐分收掌

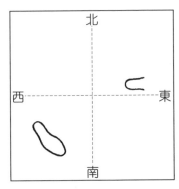

　　上體後坐，重心移向右腿，右腿微屈膝；左腳尖上翹。兩掌分開微收，與胸同高，與肩同寬，掌心向上。目視前方。

　　兩臂隨身體後坐屈肘分掌，以肘帶動兩掌回收。重心後坐身體平移時，上體中正，不可後仰或凸臂。兩腋下含空，不可夾臂。

　　後坐分收掌為呼氣。

　　【攻防含義】設對方伸雙手向我胸部進犯，我雙掌隨重心後坐托化之。

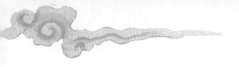

（三）沉腕下按掌

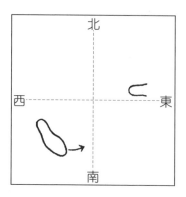

　　兩臂內旋，屈臂回收，兩掌翻轉向下，沉腕按至腹前，指尖向前。目視前方。

　　旋臂回收與翻掌下按要協調一致，連貫運行。應以肘帶臂翻掌下按，兩肘應微內收，不可外張。按掌不可或高或低，按達腹前即可。上體仍保持中正。

　　沉腕下按掌為吸氣。

　　【攻防含義】設對方用雙手向我胸腹部進擊，我兩掌順勢下按以解之。

十、如封似閉
(四)跟步雙推掌

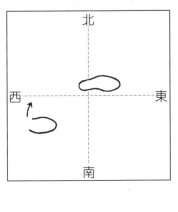

　　重心移至左腿，左腿屈膝；右腳跟至左腳側後方，前掌著地，與左腳相距約15公分。兩掌向前推按，與肩同寬，掌心向前，腕高與肩平。目視兩掌前方。

　　跟步與按掌同時到位。兩掌向前向上走弧線推出。兩掌按出時沉肩垂肘，寬度不可超過肩，左腿屈膝不可直立。跟步時保持上體中正，向前平移。

　　跟步雙推掌為呼氣。

　　【攻防含義】攻防接上動，當對方出雙手進犯被我用按掌化解後，順勢以跟步雙推掌向彼胸部進發擊倒之。

第 二 段

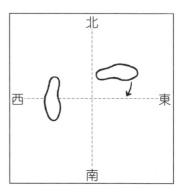

　　右腳向內蹍轉，隨之上體右轉，重心落於右腳。兩掌外旋，掌心斜相對，指尖向上，屈肘收至胸前，兩掌距離寬於頭。目視前方。

　　蹍腳與旋掌應協調同步。蹍右腳時繼續保持屈膝，不可直立。屈肘收至胸前時，兩腋含空，不可夾臂。

　　右蹍腳轉體為吸氣。

　　【攻防含義】設對方出手來犯，我順勁右轉體解之。

十一、開合手
(二)左扣腳合掌

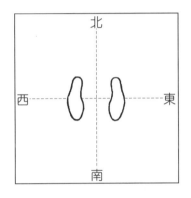

以左腳跟為軸向內扣腳，上體繼續右轉，兩掌心相對，合於胸前，與頭同寬。目視前方。

左腳扣腳後，兩腳踏實，腳尖均向前。兩膝放鬆微屈、扣腳與合手要同時到位。注意兩腳平行時，重心在兩腿之間，上體中正，不可前傾、凸臀或後仰、挺腹。兩腋下含空，坐腕力達兩掌根。

左扣腳合掌為呼氣。

【攻防含義】設對方出雙手向我胸部進擊，我兩掌由外向內合力破之。

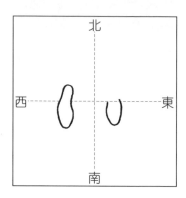

北

西　　　　　　　　　　　東

南

　　重心移向右腿，左腳跟微提起。同時兩掌在胸前分開，與肩同寬。目視前方。

　　開手與重心移向右腿應協調同步。開手、移重心、提腳跟要與吸氣相配合。兩腿微屈，上體中正，不可歪斜。兩小臂和兩大臂均保持角度，形成一個整體向外運動。

　　開手為吸氣。

　　【攻防含義】設對方雙手進擊我胸部，我雙掌由內向外用開力分解之。

十一、開合手
(四)合 手

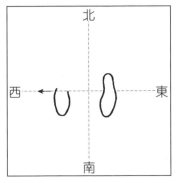

　　重心移至左腿，右腳跟微提起。兩掌相合與頭同寬，掌心相對。目視兩掌之前。

　　合手與移重心、提腳跟應協調一致，同步到位。注意兩腿微屈時，上體中正，不可歪斜。兩小臂與兩大臂均保持一定角度，形成一個整體向內運動，兩腋下含空。

　　合手為呼氣。

　　【攻防含義】設對方以頭部向我胸部進攻，我兩掌用合力擊打其兩耳門。

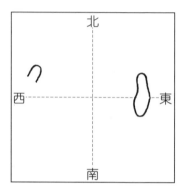

四十二式太極拳競賽套路分解教學

　　身體稍右轉；右腳向右橫開一步，腳跟著地。兩臂內旋，微向前推，兩掌虎口相對，兩掌心轉向前。目視前方。

　　右腳腳跟著地與兩掌心轉向前推應協調同步到位。注意右腳跟輕輕著地，左腿微屈。上體中正，不可前傾、凸臀。應鬆腰坐胯。

　　開步微前推為吸氣。

　　【攻防含義】攻防接上動，對方雙手進犯被我用合掌擊打後，我當趁勢開步前推掌，或推託其面頰部。

十二、右單鞭
(二)橫襠步分掌

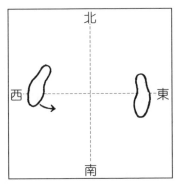

北

西　　　東

南

　　重心右移成右側弓步（橫襠步），上體微左轉。兩掌向左右分開，平舉於身體兩側，掌心轉向外，掌指向上。目視左掌前方。

　　右橫襠步形成與兩掌左右分展側舉要同時到位。注意上體保持放鬆中正，不可前傾、凸臀或後仰、挺腹，鬆肩垂肘，兩臂微屈，舒展大方。

　　橫襠步分掌為吸氣。

　　【攻防含義】設對方用雙拳向我耳門進擊，我重心右移以身化讓，同時以兩掌將彼雙拳分開以解之。

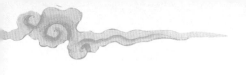

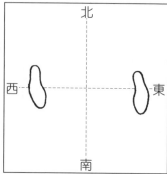

北

西 —— 東

南

　　重心移向左腿，右腳尖內扣，上體稍左轉。右前臂外旋，掌心轉向上，右掌向內掩裹畫弧至右肩前；左掌向左向下畫弧至體側，掌心向外，與肋同高。目視右掌前方。

　　右掌外旋向內掩裹，左掌向左向下畫弧與重心左移、右腳尖內扣形成橫襠步，應協調一致，同步到位。要以腰帶動上體及兩臂向左運動。兩臂微屈、垂肘、鬆腰沉胯。

　　左轉體擺掌為吸氣。

　　【攻防含義】設對方伸手進犯，我重心左移，擺右掌化之。或以外旋削掌擊打對方頸部及下頦。

十三、肘底捶
(二)右轉體畫弧

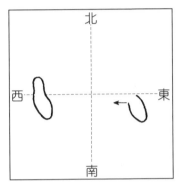

　　重心右移至右腿，上體右轉；左腳跟離地。右掌翻轉屈肘收至右胸前，掌心向下；左前臂外旋，左掌向右畫弧至腹前，掌心向內。目視右臂前方。

　　右掌翻轉屈肘右收、左掌右畫弧與左腳跟離地、重心右移諸動作應協調一致，同步到位。重心右移時，右腿屈膝，上體右轉，保持中正，不凸右胯、右臀。左掌向右畫弧，不夾臂。

　　右轉體畫弧為呼氣。

　　【攻防含義】設對方出右手進擊我腹部，我即右轉體避之，同時左掌向下向右畫攔截之。

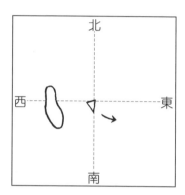

　　重心落在右腿、左腳收至右腳內側。左掌經腹前繼續向右畫弧，掌心向上，與右掌上下相對，兩臂相抱如「抱球」狀。目視右臂前方。

　　提腳與抱球同時到位。右腿應屈膝，不直立。上體中正，不歪斜。右肘不揚，左臂腋下含空，不夾臂。

　　提腳右抱球為吸氣。

　　【攻防含義】設對方出手向我胸、腹部進擊，我順勢右掌向上向左、左掌向下向右同時畫弧合抱以解之。

十三、肘底捶
(四)上左步分掌

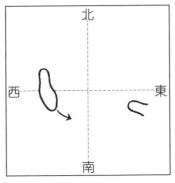

　　上體左轉，左腳向左前方擺腳上步，腳跟著地。左掌經右前臂下向上向左畫弧，掌心斜向內，指尖與眉眼同高；右掌經左胸前畫弧下落至右胯旁，掌心向下，掌指向前。目視左掌前方。

　　擺腳上步與分掌應協調一致，同步到位。注意以腰帶動上體及兩臂運轉。左腳跟落地要輕。上體中正，不後仰、凸臀。兩臂微屈，兩肘鬆垂。

　　上左步分掌為吸氣。

　　【攻防含義】設對方出手從我左前打來，我隨之左轉體上步，同時左掌向上向左擺畫，右掌向下捋落解之。

十三、肘底捶
(五)跟步前擺掌

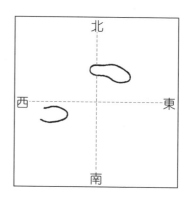

北

西　　　　　　　東

南

上體繼續左轉，重心移向左腳；右腳跟進半步，腳前掌著地。右臂外旋，右掌向左向上畫弧擺至體前，掌心斜向上，與頭同高；左臂內旋掌心轉向外向左向下畫弧至體左側，掌心向下，掌指向前。目視右掌前方。

轉體、跟步、擺掌應協調一致，同步到位。重心移向左腿時，左腿微屈，不直立。以腰帶臂、以臂帶掌運轉。上體中正，不歪斜。兩臂微屈、兩腕舒鬆。

（攝自東側）

跟步前擺掌為呼氣。

【攻防含義】攻防接上動，當我用上下分掌化開對方進攻的同時，跟步轉體，以右掌擊打對方頭頸部。

十三、肘底捶
（六）後坐左穿掌

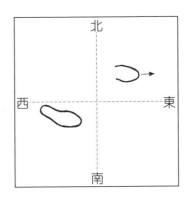

　　重心後坐，右腳踏實，左腳跟提起，左腳前掌著地。左掌收經左腰際，掌心向上，再經右腕上向前穿出，至掌與肩同高，掌心斜向上；右掌內旋，掌心向下收於胸前，停於左小臂下方。目視左掌。

　　後坐左穿掌為過渡動作。左穿掌與右收掌應協調同步。重心落於右腿時，右腿屈膝，不直立；左腳掌著地，左膝放鬆。上體中正，不後仰。兩肘微屈，兩腋含空，不夾臂。

　　後坐左穿掌為吸氣。

　　【攻防含義】設對方出手向我胸、面部進擊，我順勢以右掌下壓化解之，同時左掌前穿刺向對方面、喉部。

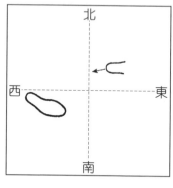

十三、肘底捶

（七）虛步肘底捶

重心落於右腳；左腳稍向前進步。腳跟著地，腳尖上翹，成左虛步。左掌內旋成側立掌、掌心向右向前劈出，指尖高與眉齊；右掌握拳，拳眼向上，收至左肘內側下方。目視左掌。

左腳跟著地與劈掌、握拳應協調一致，同步到位。右腿屈膝，左膝放鬆。腳跟著地要輕。上體中正，鬆肩垂肘，不夾臂，不凸臀。

虛步肘底捶為呼氣。

【攻防含義】攻防接上動，當我用左穿掌刺對方喉部而彼有變化時，我隨即變劈掌打擊對方面部，同時以右拳打擊其腹、肋部。

十四、轉身推掌
(一)後撤步托掌

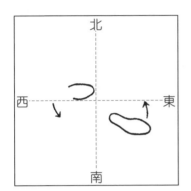

北

西　　　　　　東

南

　　左腳撤至右腳後，腳前掌著地。右拳變掌向前向上托舉，掌心斜向上，腕高與肩平；左掌翻轉下落至右胸前，掌心向下。目視右掌。

　　後撤步與右托掌、左落掌要同時到位。撤步要輕靈，鬆膝，右腿保持屈膝狀態。上體中正。右臂微屈，緩緩托掌，與左臂屈肘、壓掌協調，兩肩放鬆。

　　後撤步托掌為吸氣。

　　【攻防含義】設對方出左手來犯，我左腳後撤微左轉體，同時以左手接拿其手腕，右手托拿其肘，以合力反彼關節。

十四、轉身推掌
（二）扣腳左轉體

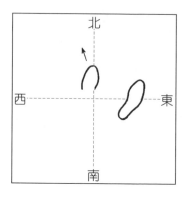

以左腳掌、右腳跟為軸，向左轉體約90°，轉體後重心仍在右腿。轉體時右掌稍捲收，右臂屈肘舉掌，掌心向前；左掌稍下落。目視前方。

轉體、屈肘舉掌與落掌應協調一致，同步到位。扣腳左轉體時，不要後移重心，應將重心稍移向左腿，轉身後重心再移至右腿。右腿屈膝，鬆腰斂臀，不凸右胯，兩肩放鬆。

扣腳左轉體為呼氣。

【攻防含義】設對方出右手進擊我面部，我左轉體，同時以右掌向上向前捲舉化之。

十四、轉身推掌
（三）上步伸收掌

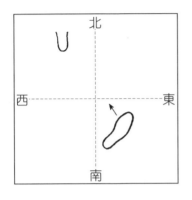

（攝自東側）

左腳向前偏左上步，腳跟著地。同時，右掌屈收至右耳側，掌心斜向前下方；左掌向左畫弧至腹前，掌心向下，掌指向右前方。目視前方。

左腳上步及腳跟著地與左手畫弧、右臂屈收應協調一致，同步到位。重心落於右腿時，右腿屈膝。左腳跟落地要輕，左膝放鬆，不僵直。上體要中正，不前傾、凸臀或後仰、揚肘。

上步伸收掌為吸氣。

【攻防含義】設對方出左拳擊打我右耳側，同時出右腿向我腹部蹬來時，我上左步出左掌攔截其腿，右掌屈收於耳門以禦之。

十四、轉身推掌

（四）跟步摟推掌

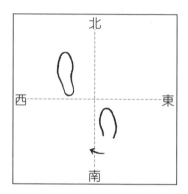

　　重心前移，轉腰順肩，右腳向左腳後跟進半步，腳掌著地。右掌順勢向前推出，掌心向前，指尖與鼻尖相對；左掌經左膝上摟過，按於左胯旁，掌心向下，掌指向前。目視右掌前方。

　　跟步、摟掌、推掌三者應協調一致，同步到位。跟步時，左腿仍屈膝，不可直立。上體中正，不凸臀。右推掌時，右肩向前送力，右臂微屈坐右腕。左摟掌為向左攔撥，定勢時沉左腕。

　　跟步摟推掌為呼氣。

　　【攻防含義】攻防接上動，當對方出腿被我左掌攔截時，我隨即跟步並以右掌推打其胸、面部以解之。

十四、轉身推掌
(五)後坐旋托掌

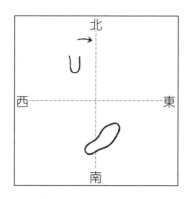

（攝自東側）

重心後移，左腳尖翹起。上體微右轉，左臂外旋向左前方上舉，掌心向上，與頭同高；右臂屈肘回收，右掌下落至左胸前，掌心向下，掌指向左前方。目視左掌前。

移重心、蹺腳尖與旋托掌、落掌應協調一致，同步到位。重心移至右腿時，右腿屈膝，左膝放鬆。左臂外旋上托與下落右掌時，兩肩均應放鬆。

後坐旋托掌為吸氣。

【攻防含義】與（一）同，唯左右相反。

十四、轉身推掌
(六)扣腳右轉體

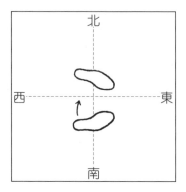

左腳內扣，上體右轉約90°，重心仍在左腿。轉體時左掌稍捲收，左臂屈肘舉掌，掌心向前，掌指向上，與頭同高；右掌稍下落，掌心向下，掌指向左前方。目視前方。

扣腳、轉體與屈肘舉掌、落掌應協調同步到位。扣腳右轉體時，身體重心稍移向右腿；轉身後重心再移至左腿，左腿屈膝，鬆腰斂臀，不凸左胯。兩肩放鬆。

扣腳右轉體為呼氣。

【攻防含義】與（二）同，唯左右相反。

十四、轉身推掌
(七)蹍腳微轉體

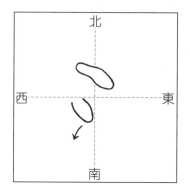

　　蹍右腳，右腳跟提起，立體微向右轉。左臂屈肘下落，左掌微內收，掌心向前，與眉同高；右掌隨轉體，按於左胸前，掌指向左前方，掌心向下。目視前方。

　　右腳跟內蹍、上體微右轉、左掌微內收，三者應協調一致，同步到位。注意兩膝鬆屈。上體保持中正，不凸臀。兩肩放鬆，身體自然。

　　蹍腳微轉體為呼氣。

十四、轉身推掌

（八）上步伸收掌

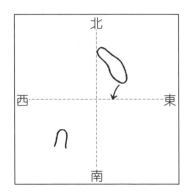

　　右腳向右前方上步，腳跟著地。左掌屈收至左耳側，掌心斜向前下方；右掌向右畫弧至腹前，掌心向下，掌指向左前方。目視前方。

　　右腳上步、腳跟著地與右手畫弧、左臂屈收應協調一致，同步到位。重心落於左腿時，左腿屈膝。右腳跟落地要輕，右膝放鬆，不僵直。上體中正，不前傾、凸臀或後仰。屈左肘時不揚肘。

　　上步伸收掌為吸氣。

　　【攻防含義】與（三）同，唯左右相反。

十四、轉身推掌
(九)跟步摟推掌

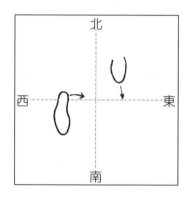

重心前移，轉腰順肩，左腳向右腳後跟進半步，腳前掌著地。左掌順勢向前推出，掌心向前，指尖與鼻尖相對；右掌經右膝上摟過，按於右胯旁，掌心向下，掌指向前。目視左掌前。

跟步、摟掌、推掌三者應協調一致，同步到位。注意跟步時，右腿仍屈膝，不可直立。上體保持中正，不凸臀。左推掌時，左肩向前送出，左臂微屈，沉坐左腕。右摟掌為向右攔撥，定勢時沉右腕。

跟步推掌為呼氣。

【攻防含義】與（八）同，唯左右相反。

十五、玉女穿梭

（一）撤步伸探掌

北

西　　　　東

南

上體右轉，左腳向左前撤步。左臂外旋，左掌向右畫弧至右胸前，掌心轉向上；右掌經左前臂上方向前伸探至體前，掌心斜向下，腕高與肩平。目視右掌前。

撤步、右伸探掌與左掌畫弧至右胸前三者應協調一致，同步到位。左腳撤步後，成右弓步，右腳原地微內蹍。鬆腰沉胯。右臂微屈、垂肘；左掌畫至右肘內側下方，左臂屈肘，不得夾臂。

撤步伸探掌為吸氣。

【攻防含義】設對方出左手進擊，我左腳撤步，同時以左手接拿其手腕，右手向前穿拿其肘，用合力拿彼臂關節。

十五、玉女穿梭
(二)後坐丁步捋

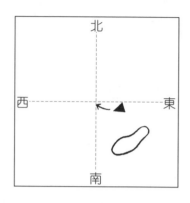

　　上體左轉，重心移至左腿；右腳收至左腳內側，腳尖點地。兩掌同時自前向下向左後捋；左掌捋至左胯旁，掌心斜向上；右掌捋至腹前，掌心向下。目視兩掌前方。

　　收腳與兩掌下捋要協調一致，右腳尖點地與兩掌下捋同時到位。注意以腰帶動兩掌下捋。兩腋含空，不夾臂。收右腳時，左腿屈蹲，不直立，鬆腰坐胯。

　　後坐丁步捋為吸氣。

　　【攻防含義】攻防接上動，當對方左臂被我拿住時，我趁勢收步向左向後捋之，使彼失重。

十五、玉女穿梭
(三)搭腕上步掤

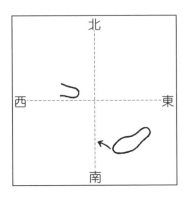

右腳向右前方上步；腳跟著地。右掌外旋，左掌內旋，兩掌上舉相合掤臂於胸前；右掌心向內，指尖向左；左掌心向外，掌指向上附於右腕內側。目視右掌前。

右腳跟著地，與兩掌相合掤臂於胸前應協調一致，同步到位。重心落於左腳時，左腿屈蹲，不直立。右膝放鬆，右腿不僵直。鬆腰坐胯，兩腋含空，兩肘下垂，含胸拔背。

搭腕上步掤為吸氣。

【攻防含義】設對方出手來犯，我左手順勢蓋壓其手腕，右手掤托其手腕下方，用合力使對方施展不開。

四十二式太極拳競賽套路分解教學

104

十五、玉女穿梭
（四）跟步前擺掌

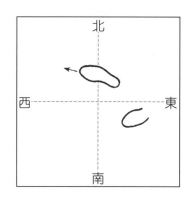

北

西————————東

南

　　重心前移，上體右轉，左腳隨之跟至右腳內側後方，腳前掌著地。右掌自左向前向右畫弧平擺，掌心向上，腕同肩高；左掌仍附於右腕內側，隨之轉動。目隨右掌。

　　重心前移與右腳踏實，右掌平擺畫弧與左腳跟步要同步到位。注意以腰帶動兩掌向右前畫弧平擺。跟步腳掌著地要輕靈。右腿屈蹲，不直立。右臂微屈，左肘下垂，兩肩放鬆，上體保持中正。

　　跟步前擺掌為呼氣。

　　【攻防含義】攻防接上動，當對方被我拿住手腕企圖掙脫時，我便借勁跟步擺掌使對方倒地。

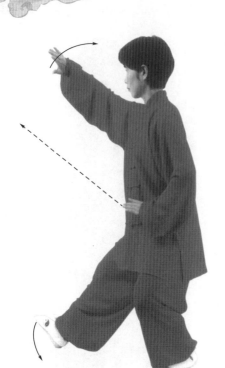

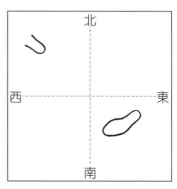

十五、玉女穿梭
（五）後坐旋架掌

　　重心後移，左腳踏實；上體左轉，右腳再向右前方上步，腳跟著地。右掌屈肘內旋向右向後畫平弧，旋腕收至右肩前上方，掌心斜向上；左掌隨之畫弧後收於左腰際，掌心斜向前。目視前方。

　　以腰帶動兩掌畫平弧，重心後移與右腳上步應協調。右架掌、左收掌與右腳跟著地都要同時到位。定勢時，重心落於左腿，左腿屈蹲；右膝放鬆，右腿不僵直。鬆腰坐胯，不凸臀、凸胯。上體中正，不揚肘，不夾臂，沉左腕。

　　後坐旋架掌為吸氣。

　　【攻防含義】設對方出手向我頭部打來，我重心後移，同時右掌向頭部上方旋架以禦之。

四十二式太極拳競賽套路分解教學

十五、玉女穿梭
(六)弓步架推掌

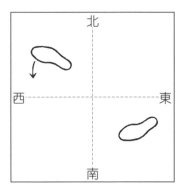

北

西 ---- 東

南

重心前移，成右弓步。上體右轉，右掌上架於右額前上方，掌心斜向上；左掌向前推按至體前；掌心向前，指尖同鼻高。目視左掌前。

弓步形成與架掌、推掌應協調一致，同步到位。上體右轉時，即以腰帶動兩掌架、推。架掌時不揚肘。右肘內收下垂，左推掌與左腿蹬力方向一致，沉坐左腕，左臂微屈。上體保持中正，不前傾。鬆腰沉胯。

弓步架推掌為呼氣。

【攻防含義】攻防接上動，當對方擊打我頭部被化架時，我隨之弓步，同時右掌掤架對方進犯之手臂，左掌推打其胸肋。

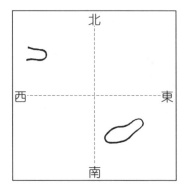

北

西 ---------------- 東

南

　　重心隨後坐移向左腿，右腳尖翹起微內扣。上體微左轉，右前臂外旋，右掌翻轉下落托於體前，掌心向上，腕高與肩平；左掌向左畫弧收於右肘內側，掌心向下。目視右掌前。

　　後坐、上體左轉與右掌旋托、收左掌應協調一致，同步到位。注意以腰帶兩臂、以臂帶兩掌運動。定勢時，左腿屈蹲；右膝放鬆，右腿不可僵直，右臂微屈，左臂屈肘，不夾臂，鬆腰坐胯，斂臀。

　　後坐旋托掌為吸氣。

　　【攻防含義】對方出手向我面部進擊時，我微左轉體重心後移，同時右掌外旋向前下落以化解之。

十五、玉女穿梭
（八）弓步穿抹掌

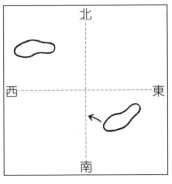

　　重心前移，成右弓步。上體繼續左轉，左掌經右前臂上穿出，並自右向左畫弧抹掌，掌心向下，腕與肩高；右掌收至左肘內側下方，掌心向上，兩掌心上下斜相對。目視左掌前。

　　重心前移、弓步形成與左抹掌、右收掌應協調一致，同步到位。應以腰帶動上肢運動。定勢時，鬆腰沉胯，左臂微屈，垂肘；右掌收於左肘內側，右臂屈肘，不夾臂。

　　弓步穿抹掌為呼氣。

　　【攻防含義】與（一）同，唯左右相反。

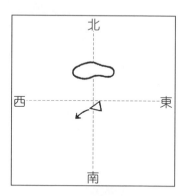

（正面）

　　上體右轉，重心移至右腿，左腳收至右腳內側。兩掌同時自前向下向右捋；右掌捋至右胯旁，掌心斜向上；左掌捋至腹前，掌心斜向下。目視兩掌前。

　　收腳與兩掌下捋應協調一致，同步到位。應以腰帶動兩掌下捋。兩腋含空，不夾臂。收左腳時腳不落地，右腿屈蹲不直立，鬆腰坐胯。

　　收步提腳捋為吸氣。

　　【攻防含義】與（二）同，唯左右相反。

十五、玉女穿梭

（十）搭腕上步掤

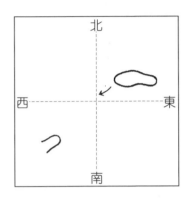

　　左腳向左前方上步，腳跟著地。兩臂旋轉，兩掌上舉相合掤臂於胸前，左掌心向內，指尖向右；右掌心向外，掌指向上附於左腕內側。目視左掌前。

　　上步時，左腳跟輕輕著地，與兩掌相合掤臂於胸前應協調一致，同步到位。重心落於右腳時，右腿屈蹲而不直立；左膝放鬆，左腿不僵直。鬆腰坐胯。兩腋含空，兩肘下垂，含胸拔背。

　　搭腕上步掤為吸氣。

　　【攻防含義】與（三）同，唯左右相反。

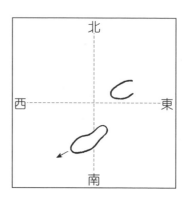

十五、玉女穿梭
（十一）跟步前擺掌

重心前移，上體左轉，右腳隨之跟至左腳內側後方，腳前掌著地。左掌自左向前向左畫弧平擺，掌心向上，腕同肩高；右掌仍附於左腕內側，隨之轉動。目視左掌前。

重心前移、左腳踏實與左掌平擺畫弧、右腳跟步應協調一致，同步到位。應以腰帶動兩掌向左前畫弧平擺。跟步時腳掌著地要輕靈，左腿屈蹲不直立。左臂微屈，右肘下垂，兩肩放鬆，上體保持中正。

跟步前擺掌為呼氣。

【攻防含義】與（四）同，唯左右相反。

十五、玉女穿梭
（十二）後坐旋架掌

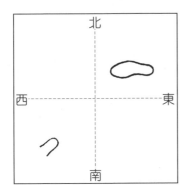

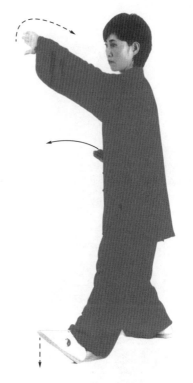

　　重心後移，右腳踏實，上體右轉；左腳再向左前方上步，腳跟著地。左掌屈肘內旋向左向後畫平弧，旋腕收架至左肩前上方，掌心斜向上；右掌隨之畫弧後收於右腰際，掌心斜向前。目視前方。

　　以腰帶動兩掌畫平弧、重心後移與上左腳三者應協調一致；左架掌、右收掌與左腳跟著地應同時到位。定勢時，重心落於右腿，右腿屈蹲；左膝放鬆，左腿不僵直。鬆腰坐胯，不凸臀凸胯。上體中正，不揚肘，不夾臂，沉坐右腕。

　　後坐旋架為吸氣。

　　【攻防含義】與（五）同，唯左右相反。

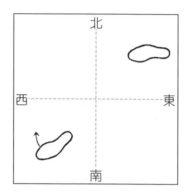

十五、玉女穿梭
（十三）弓步架推掌

北

西 ——— 東

南

　　重心前移，成左弓步。上體左轉，左掌上架於左額前上方，掌心斜向上；右掌向前推按至體前，掌心向前，指尖同鼻高。目視右掌前。

　　重心前移，弓步形成與架掌、推掌應協調一致，同步到位。注意上體左轉應以腰為軸帶動兩掌架推。架掌不揚肘，左肘內收下垂，右臂微屈。右推掌與右腿蹬力方向一致。上體中正，不前傾。鬆腰沉胯。

　　弓步架推掌為呼氣。

　　【攻防含義】與（六）同，唯左右相反。

十六、右左蹬腳
（一）後坐旋托掌

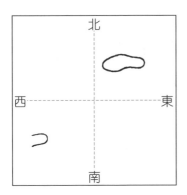

北

西 ---------- 東

南

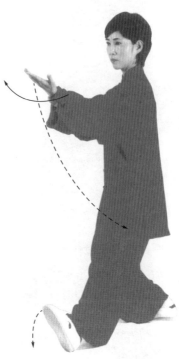

　　重心移向右腿，左腳尖蹺起微內扣。上體右轉，左臂外旋，左掌翻轉落於體前，掌心向上，腕高與肩平；右掌向左畫弧後收至左肘內側，掌心向下。目視左掌前。

　　重心後坐、左腳尖內扣與左臂旋托掌、收右掌應協調一致，同步到位。應以腰帶動上肢運動。定勢時，右腿屈蹲，左膝放鬆，左腿不僵直，鬆腰坐胯；左臂微屈，右臂不夾臂，腋下含空。

　　後坐旋托掌為吸氣。

　　【攻防含義】與「十五、玉女穿梭（七）」同，唯左右相反。

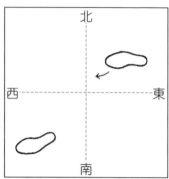

十六、右左蹬腳

(二)弓步穿分掌

　　重心前移至左腿，上體左轉，成左弓步。右掌從左前臂上方穿出，向上向右畫弧展開，掌心斜向下，腕與肩同高；左掌向下向左畫弧至腰側。目視前方。

　　重心前移、弓步形成與右穿掌畫弧、左掌畫弧應協調一致，同步到位。應以腰帶臂運轉，鬆腰沉胯。上體保持中正。兩臂微屈，鬆肩垂肘。手眼相隨。

　　弓步穿分掌為呼氣。

　　【攻防含義】設對方用拳腳向我胸腹部進擊，我以右掌向前向上向右穿畫，同時左掌向下向左畫攔以解之。

十六、右左蹬腳
（三）提腳合抱掌

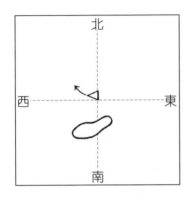

　　上體微右轉，右腳收至左腳內側而不下落。右掌向下向左向上畫弧；左掌向上向右畫弧至胸前；兩腕交疊，兩掌交叉合抱，右掌在外，掌心均向內。目視右前方。

　　收腳與兩掌左上、右下畫弧至胸前交叉合抱應協調一致，同步到位。應以腰帶臂畫弧，重心落於左腿，左腿屈蹲。上體中正，含胸拔背。兩掌交叉合抱於胸前，應有外撐之力，兩臂撐圓，鬆肩垂肘。

　　收步合抱掌為調息。

　　【攻防含義】設對方出手向我進擊，我兩臂向內絞合以解之。

十六、右左蹬腳
(四)右蹬腳分掌

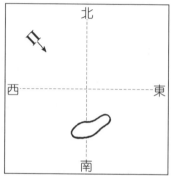

左腿微屈站穩，右腿屈膝提起，右腳向右前方（約30°）勾腳尖蹬出，腳跟高過腰部。兩掌分別向右前方和左方畫弧分舉，兩掌心向外，掌指斜向上，腕與肩平；兩臂伸展，肘微屈。右臂與右腿上下相對。目視右掌前。

蹬腳與兩掌分舉要同時進行，同時到位。注意左腿微屈站穩。右腿提膝，勾腳尖，力達腳跟，緩緩蹬出。上體保持中正，不勾腰或歪體，兩臂微屈，鬆肩垂肘。

右蹬腳分掌為呼氣。

【攻防含義】設對方出雙手向我進攻，我速以雙掌分畫其兩手，同時右腳蹬彼胸、腹、肋部。

十六、右左蹬腳
(五)落步伸托掌

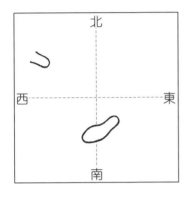

　　右腿屈收，右腳向右前落下，腳跟著地。右前臂外旋，右掌心轉向上，稍向內收，在體前成托掌，腕與肩平；左掌下落至腰間向前向上畫弧伸至右肘內側，掌心向下。目視右掌前。

　　落腳與托掌、伸掌應協調一致，同步到位。注意左腿屈蹲，右腿屈膝收腳，腳跟輕輕著地，鬆右膝，上體中正，不前傾、凸臀。右臂微屈，左臂垂肘，不揚肘、夾臂，腋下含空。

　　落步伸托掌為吸氣。

　　【攻防含義】設對方出手進犯，我右腳下落，右掌旋翻托其肘，同時左掌穿拿其腕，以合力反彼關節。

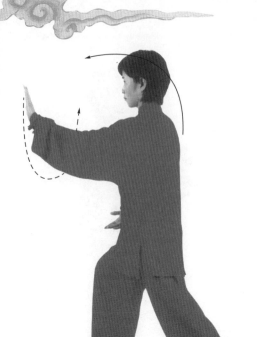

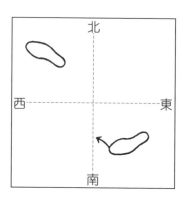

十六、右左蹬腳
(六)弓步穿分掌

北

西 —————— 東

南

　　重心前移至右腿，上體微右轉，成右弓步。左掌從右前臂上方穿出，向上向左畫弧展開，腕與肩同高；右掌向下向右畫弧至腰側。目視前方。

　　重心前移、弓步形成與左穿掌畫弧、右掌畫弧應協調一致，同步到位。注意以腰帶臂運轉，鬆腰沉胯。保持上體中正。兩臂微屈，鬆肩垂肘，手眼相隨。

　　弓步穿分掌為呼氣。

　　【攻防含義】與（二）同，唯左右相反。

四十二式太極拳競賽套路分解教學

十六、右左蹬腳
（七）提腳合抱掌

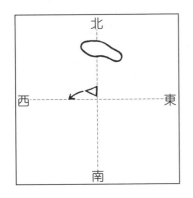

上體微左轉，左腳收至右腳內側而不落地。左掌向下向右向上畫弧；右掌向上向左畫弧；至胸前兩腕交疊，兩掌交叉合抱，左掌在外，掌心均向內。目視左前方。

收腳與兩掌畫弧至胸前交叉合抱應協調一致，同步到位。應以腰帶臂畫弧。重心落於右腿，右腿微屈。上體中正，含胸拔背。兩掌交叉合抱於胸前，應有外撐之力，兩臂撐圓，鬆肩垂肘。

收步合抱掌為調息。

【攻防含義】與（三）同，唯左右相反。

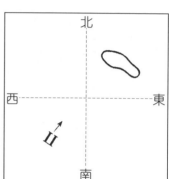

十六、右左蹬腳

（八）左蹬腳分掌

右腿微屈站穩，左腿屈膝提起，左腿向左前方（約30°）勾腳尖蹬出，腳跟高過腰部。兩掌分別向左前方和右後方畫弧分舉，掌心向外，掌指斜向上，腕與肩平，兩臂伸展，肘微屈。左臂與左腿上下相對。目視左掌前。

蹬腳與兩掌分舉要同時進行，同時到位。注意右腿微屈站穩。左腿提膝，勾腳尖，力達腳跟緩緩蹬出。上體保持中正，不勾腰，不前傾，兩臂微屈，鬆肩垂肘。

左蹬腳分掌為呼氣。

【攻防含義】與（四）同，唯左右相反。

十七、掩手肱捶
（一）提腳雙掩手

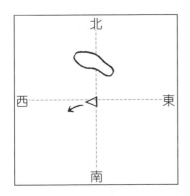

重心落於右腿；左小腿屈收，左腳收至右腳內側而不落地。兩臂外旋，兩掌掩合於頭前，與頭同寬，掌心向內。目視兩掌前。

右腿屈蹲，保持身體平穩。落腳與掩掌應同時到位。注意保持身體平衡，舒鬆，上體中正。兩臂屈肘，兩腋含空。

提腳雙掩手為吸氣。

【攻防含義】設對方出手進擊我胸前，我隨之落腳，同時兩肘內合，兩掌向內旋掩以解之。

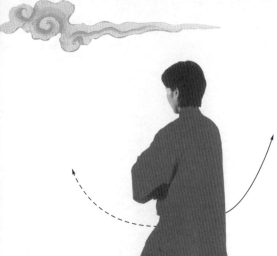

十七、掩手肱捶
(二)擦步下按掌

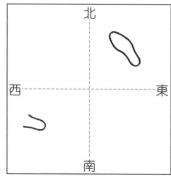

北

西　　　　　　東

南

左腳尖上蹺，腳跟擦地向左開步。上體稍右轉，兩臂內旋，兩掌翻轉下落，左掌上、右掌下交叉相疊於小腹右側，左掌壓於右掌背上，掌心均向下。目視兩掌前。

此動作開始右腿繼續屈蹲，降低身體高度。左腳跟向左擦步速度要適中，並與雙按掌協調一致，同步到位。注意以腰帶臂運動。擦步時，重心仍在右腿，保持上體中正，不凸臀，鬆肩鬆腰沉胯。

擦步下按掌為呼氣。

【攻防含義】設對方以腳進攻我下腹部，我身體下蹲開步，兩掌同時下按以解之。

十七、掩手肱捶
(三)馬步分舉掌

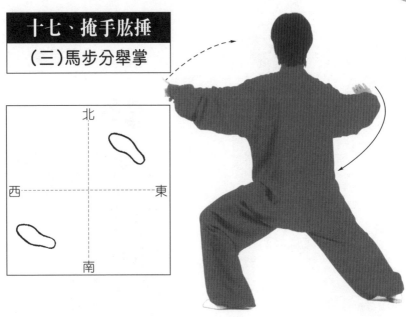

北

西 ---- 東

南

　　上體轉正，重心左移於兩腿之間。兩掌向兩側分展側舉，高與肩平；前臂內旋，掌心轉向外，掌指斜向前。目視前方。

　　重心移中、偏馬步形成與兩臂內旋、兩掌分展側舉應協調一致，同步到位。注意重心要緩緩左移，形成偏馬步時鬆腰鬆胯。兩臂分展側舉走弧線，兩臂微展，坐腕，不凸臀。

　　馬步分舉掌為吸氣。

　　【攻防含義】攻防接上動，對方出腳被我攔截後，我勢不丟、勁不斷，撈起彼腿向側上方分舉，使之倒地。

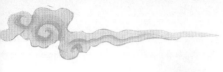

十七、掩手肱捶

(四)轉體右握拳

（攝自東側）

重心右移，上體微右轉。兩臂外旋，兩肘內合，左掌擺至體前，掌心向上，高與肩平；右掌變拳，屈臂合於胸前，拳心向上。目視左掌前。

重心右移、上體微右轉與兩臂外旋合肘應協調一致，同步到位。注意重心緩緩右移，左膝放鬆，重心偏於右腿，鬆腰沉胯，不可凸臀。以腰帶動兩臂外旋合肘，蓄勁待發。

右轉體握拳為呼氣。

【攻防含義】設對方出右手進擊我胸部，我重心右移，握右拳，同時兩臂向內掩合以化之。

（攝自西側）

重心左移，上體左轉，轉腰順肩，成左弓步。同時右拳內旋向斜前衝出，拳心轉向下，拳與胸同高；左掌後收，掌心貼於左腹部，指尖向右前。目視右拳前。

左弓步形成與右沖拳、左收掌應協調一致，同步到位。沖拳時要沉胯、轉腰，以腰帶身催臂之力傳遞到拳。沖拳、收掌，重心左移，上體左轉要乾淨俐索。沖拳時，鬆腰沉胯，上體中正，不前傾凸臀或後仰挺腹。發力時不可僵勁。

左弓步沖拳為呼氣。

【攻防含義】攻防接上動，當對方出右拳來犯被我以左掌攔截後，我順勢左掌旋轉回帶化其右拳，同時弓步沖拳發力擊打對方。

十八、野馬分鬃

(一)微左轉塌掌

（攝自西南側）

　　上體微左轉，右拳變掌向下畫弧至腹前，掌心斜向下；左掌以拇指為軸，四指順時針向下轉動。目隨右掌。

　　以腰帶臂帶掌向下向左畫弧與左掌轉動應協調一致，同步到位。右掌塌掌向下向左畫弧應不夾臂。左掌以拇指為軸，四指順時針向下轉動不聳肩。鬆腰沉胯，不凸臀。

　　微左轉塌掌為吸氣。

　　【攻防含義】設對方出手進擊我胸腹部，我順勢以塌掌化之。

十八、野馬分鬃
(二)右轉體旋挪

　　重心右移，上體右轉。右臂內旋，右掌心翻轉向外，並向上向右畫弧，屈臂置於右肩前，四指尖向左；左臂畫弧，掌心轉向內，掌指背貼於右前臂內側，隨之畫弧，兩臂挪於右肩前。目視右掌前。

　　重心右移與兩臂旋挪於右肩前應協調一致，同步到位。應以腰帶動兩臂旋挪。定勢時，鬆腰沉胯，兩臂撐圓，不聳肩。

　　右轉體旋挪為吸氣。

　　【攻防含義】設對方伸手來犯，我以右掌托其手腕下方、左掌夾拿其手腕上方，隨右弓步擠出，使彼失重。

十八、野馬分鬃

（三）轉體橫發掌

（攝自西側）

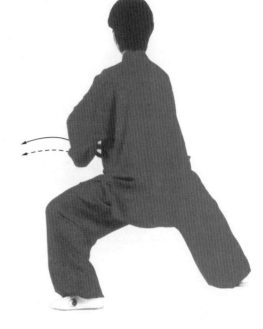

　　重心左移，上體左轉成側弓步。右臂外旋，左臂內旋，兩掌成橫掌，掌心向左前方，指尖向外，橫捌於腹前，腰腹彈性發力。目視兩掌前。

　　注意右膝微屈，鬆腰沉胯。兩臂屈肘、沉腕。上體中正，不歪斜。

　　轉體橫發掌為呼氣。

　　【攻防含義】攻防接上動，當我掤擠對方而對方又伸出左手時，我順勢抓拿其手臂向左側将發之。

十八、野馬分鬃
（四）左旋轉畫弧

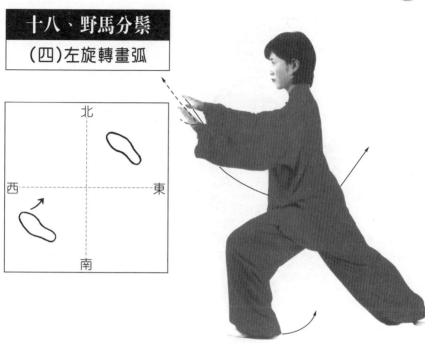

重心右移再左移，同時腰稍右轉再左轉。兩掌向右向左畫弧成俯掌，左掌在前，右掌稍在後，掌心斜向下，置於腹前，指尖皆向前。目視掌前。

移重心與兩掌畫弧應協調一致，同步到位。應以腰帶身帶臂帶掌運動。鬆腰坐胯。定勢時右膝微屈，兩臂舒鬆微屈，身體自然中正。

左旋轉畫弧為吸氣。

【攻防含義】設對方出手來擊我胸腹部，我雙掌同時由右向左畫弧以解之。

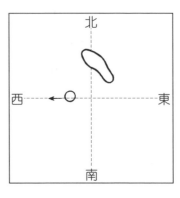

北

西 ← ○ 東

南

重心後移，左膝屈膝提起。左臂外旋，左掌向左向下向上畫弧翻轉，掌心向上托於左膝上方，指尖向前；右掌向下向右上畫弧後屈肘橫撐於體右側，掌心向外，指尖斜向上，與肩同高。目視前方。

重心後移提左膝與托掌、撐掌應協調一致，同步到位。應以腰帶身帶臂運動。右腿微屈站穩，左膝提起與腰同高，腳尖自然下垂。左臂屈肘托掌，不夾臂，右臂屈肘，橫撐掌。上體中正，鬆肩垂肘。

提膝撐托掌為吸氣。

【攻防含義】設對方伸右手來犯，我以右手接拿其腕。緊接對方又出右腿來犯，我順勢提腿讓過，同時以左手接拿其腿。

十八、野馬分鬃

(六)左弓步穿靠

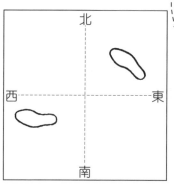

　　左腳向前上步，重心前移，成左弓步。左掌向前穿靠，掌心向上，指尖向前，腕高與肩平；右掌撐至身體右後方，掌心向外，指尖斜向上，腕高與肩平。目視左掌。

　　出左步時，右腿屈蹲以降低身體高度。左腳向前上步，腳跟著地，重心緩緩前移，成左弓步。弓步形成與左穿掌、右撐掌要上下協調，同時到位。定勢時，上體中正，不前傾，鬆腰沉胯。左臂微屈，左肘與左膝上下相對；右臂撐圓，右肘與右膝上下相對。

　　左弓步穿靠為呼氣。

　　【攻防含義】攻防接上動，當對方腿被我托拿時，我順勢落步穿掌靠擠，使彼倒地。

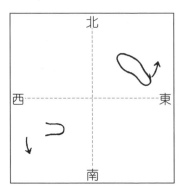

北

西 ─────── 東

南

重心後移，左腳尖上蹺。左臂內旋，左掌心翻轉向右；右掌隨重心後移稍後畫，掌心向外，兩腕高與肩平。目視左掌前。

本動作為過渡動作。重心後移、蹺腳與左臂內旋翻轉應協調一致，同步到位。注意重心後移時，右腿屈膝，左膝放鬆，以腰帶臂掌旋轉，保持上體中正，不後仰。

後坐微旋臂為吸氣。

【攻防含義】設對方伸手來犯時，我重心後移，同時左掌內旋以化之。

十八、野馬分鬃
（八）擺腳旋翻掌

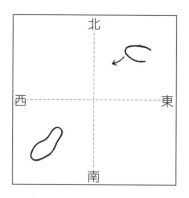

重心稍前移，左腳外擺
踏實；右腳跟離地。左臂繼
續內旋，左掌心翻轉向外，
並稍屈臂外撐；右臂亦外
旋，右掌稍下落內收，掌心向下，
高與腰平。目視左掌前。

重心前移、擺腳與兩臂掌旋轉
應協調一致，同步到位。應以腰帶
身帶臂運動，重心緩緩前移。左擺
腳踏實後，右腳跟微微提起，鬆肩
垂肘，鬆腰沉胯。

擺腳旋翻掌為呼氣。

【攻防含義】設對方出手來犯，我左掌內旋翻轉攔化
之。

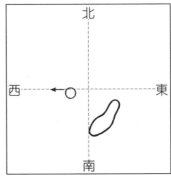

十八、野馬分鬃

(九)提膝撐托掌

重心前移，上體左轉，右腿屈膝提起；右掌向下畫弧，經體側前舉，托於右膝上方，掌心向上，指尖向前；左掌左擺屈肘橫撐於體側，掌心向外，指尖斜向前，與肩同高。目視右掌前。

重心前移、提右膝與托掌、撐掌應協調一致，同步到位。應以腰帶身帶臂運動，左腿微屈站穩。右膝提起同腰高，腳尖自然下垂。右臂屈肘托掌，不夾臂；左臂屈肘橫撐掌，不揚肘。

提膝撐托掌為吸氣。

【攻防含義】與(五)同，唯左右相反。

十八、野馬分鬃
(十)右弓步穿靠

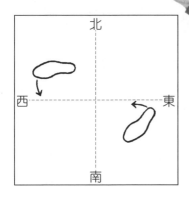

　　右腳向前上步，重心前移，成右弓步。右掌向前穿靠，掌心向上，指尖向前，腕高與肩平；左掌撐至左後方，掌心向外，指尖斜向上，腕高與肩平。目視左掌前。

　　上步前左腿應屈蹲以降低身體高度。右腳向前方上步，腳跟先著地，重心緩緩前移，成右弓步。弓步形成與右穿掌、左撐掌同時到位。定勢時，上體中正，不前傾，鬆腰沉胯。右臂微屈，右肘與右膝上下相對；左臂撐圓，左肘與左膝上下相對。

　　右弓步穿靠為呼氣。

　　【攻防含義】與（六）同，唯左右相反。

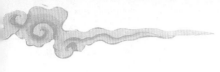

第　三　段

十九、雲　手

（一）轉體收攞掌

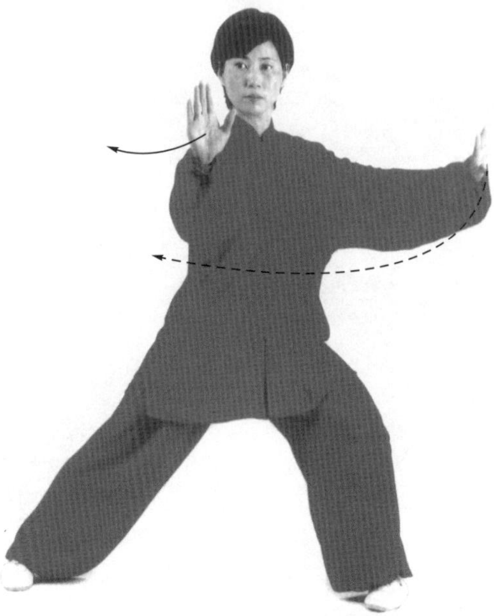

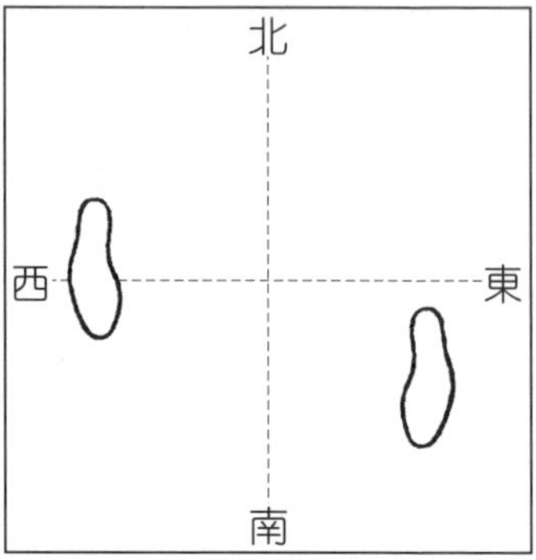

重心左移，右腳尖內扣，上體左轉，左腳跟隨之內踹。右前臂內旋，右掌蹺腕內旋，向左攞至右肩前，掌心斜向左；左掌微向左撐，掌心向左，兩腕均與肩同高，目視右掌前。

重心左移、上體左轉、右腳尖內扣與右掌蹺腕內旋、左掌左撐，應協調一致，同步到位。應以腰為軸、以身帶臂、以臂帶手運動。右臂屈肘，左臂外撐，鬆肩垂肘。上體中正，注意斂臀。

左轉體攞掌為吸氣。

【攻防含義】設對方出手向我面部擊來，我即左轉體，並以右掌向上向左旋畫以解之。

十九、雲 手

(二)右轉體撐掌

　　重心右移，上體右轉。右掌內旋翻轉向外，橫掌右擺至身體右側，腕與肩平；左掌自左向下，經腹前向右畫弧，掌心隨之翻轉向上。目視右掌前。

　　重心右移、上體右轉、左腳跟蹍轉與兩掌雲轉應協調一致，同步到位。應以腰帶身帶臂運動。右臂垂肘，左臂腋下含空，不夾臂。注意斂臀。

　　右轉體翻掌為吸氣。

　　【攻防含義】攻防接上動，當對方出手被我右掌旋畫後，我隨即反撐推掌使之失重，還可反彼臂關節。

四十二式太極拳競賽套路分解教學

十九、雲 手

(三)左轉體雲掌

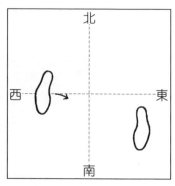

北

西　　　　　　　　東

南

　　重心左移，上體左轉。左掌心向內，自右向上向左經面前畫弧雲轉至體左前方，指尖與眉同高；右掌向下經腹前向左畫弧雲轉至右腹，掌心由外轉向內。目隨左掌。

　　重心左移、上體左轉與兩掌雲轉應協調一致，同步到位。應以腰帶身帶臂運動，速度均勻。雲手中馬步過渡，上體保持舒鬆中正，注意斂臀。左右臂雲轉不夾臂，不揚肘。

　　左轉體雲掌為呼氣。

　　【攻防含義】設對方出手腳向我亂打時，我以左掌向上挑畫，右掌向下塌畫，同時左移重心，雲手化之。

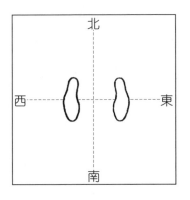

十九、雲 手
（四）收右腳翻掌

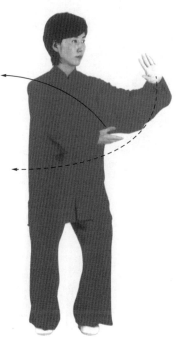

上體繼續左轉，右腳收於左腳內側落地，兩腳平行向前，相距10～20公分。兩掌雲至身體左側逐漸翻轉，左掌心轉向外；右掌雲至左肘內側，掌心轉向內。目視左掌。

上體左轉、收右腳與兩掌雲轉應協調一致，同步到位。應以腰帶身帶臂運動，速度均勻，保持身體平移，不起伏。鬆肩垂肘，不夾臂。

收右腳翻掌為呼氣。

【攻防含義】攻防接上動，對方伸手來犯被我用雲手破解後，我順勢翻掌反推，使其失重，還可轉手反彼臂關節。

（五）右轉體雲掌

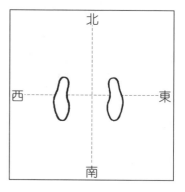

北

西 ------ 東

南

重心右移，上體右轉。右掌自左經面前向右畫弧雲轉，指尖高與眉齊，掌心向內；左掌向下經腹前向右畫弧雲轉，掌心向右。目視右掌。

重心右移、上體右轉與兩掌雲轉應協調一致，同步到位。應以腰帶身帶臂運動，速度均勻。上體舒鬆中正，注意斂臀。兩腿微屈，兩臂微屈，鬆肩垂肘，不夾臂。

右轉體雲掌為吸氣。

【攻防含義】與（三）同，唯左右相反。

十九、雲 手
（六）開左步翻掌

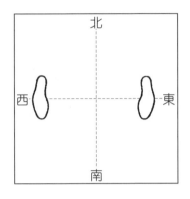

　　上體繼續右轉，左腳向左側開步，腳尖仍向前。兩掌雲至身體右側，逐漸翻轉；右掌心轉向外，左掌雲至右肘內側，掌心轉向內。目視右掌。

　　上體右轉、左開步與兩掌雲轉應協調一致，同步到位。應以腰帶身帶臂運動，速度均勻。上體舒鬆中正，不前傾，注意斂臀。左開步時，左膝放鬆，右腿屈膝，重心在右。定勢時，不揚肘，不夾臂。

　　開左步翻掌為吸氣。

　　【攻防含義】與（四）同，唯左右相反。

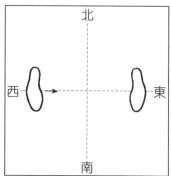

十九、雲 手

（七）左轉體雲掌

北

西 → 東

南

重心左移，上體左轉。左掌心向內自左向上向左經面前畫弧雲轉至體左前方，指尖與眉同高；右掌向下經腹前向左畫弧雲轉至左腹，掌心由外轉向內。目隨左掌。

重心左移、上體左轉與兩掌雲轉應協調一致，同步到位。應以腰帶身帶臂運動，速度均勻。雲手中以馬步過渡，上體保持舒鬆中正，注意斂臀。右臂雲轉不夾臂，左臂雲轉不揚肘。

左轉體雲掌為呼氣。

【攻防含義】與（三）同。

十九、雲　手
（八）收右腳翻掌

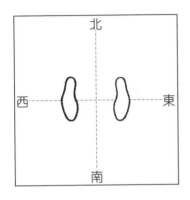

北

西 ---- 東

南

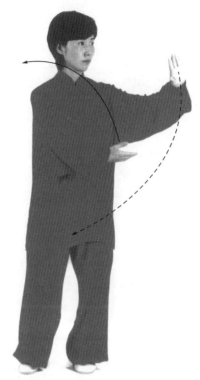

　　上體繼續左轉，右腳收於左腳內側落地，兩腳平行向前，相距10~20公分。兩掌雲至身體左側逐漸翻轉，左掌心轉向外；右掌雲至左肘內側，掌心轉向內。目視左掌。

　　上體左轉、收右腳與兩掌雲轉應協調一致，同步到位。應以腰帶身帶臂運動，速度均勻。上體舒鬆中正，注意斂臀。收右腳時左腿微屈，保持身體平移，不起伏。定勢時，不揚肘，不夾臂。

　　收右腳翻掌為呼氣。

　　【攻防含義】與（四）同。

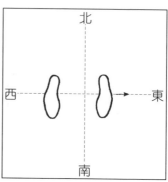

十九、雲 手

(九)右轉體雲掌

北

西 ← ─ ─ → 東

南

重心右移，上體右轉。右掌自左經面前向右畫弧雲轉，指尖高與眉齊，掌心向內；左掌向下經腹前向右畫弧雲轉，掌心向右上。目視右掌。

重心右移、上體右轉與兩掌雲轉應協調一致，同步到位。應以腰帶身帶臂運動，速度均勻。上體舒鬆中正，注意斂臀。兩腿微屈，兩臂微屈，鬆肩垂肘，不夾臂。

右轉體雲掌為吸氣。

【攻防含義】與（五）同。

十九、雲　手

（十）開左步翻掌

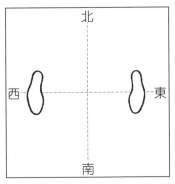

北

西　　　　　　　東

南

　　上體繼續右轉，左腳向左側開步，腳尖仍向前。兩掌雲至身體右側，逐漸翻轉，右掌心轉向外；左掌雲至右肘內側，掌心轉向內。目視右掌。

　　上體右轉、左開步與兩掌雲轉應協調一致，同步到位。應以腰帶身帶臂運動，速度均勻。上體舒鬆中正，不前傾，注意斂臀。左開步時左膝放鬆，右腿屈膝，重心在右。定勢時，不揚肘，不夾臂。

　　開左步翻掌為吸氣。

　　【攻防含義】與（六）同。

十九、雲 手

(十一)左轉體雲掌

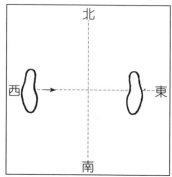

北

西 → 東

南

　　重心左移，上體左轉。左掌心向內，自右向上向左經面前畫弧雲轉至體左前方，指尖與眉同高；右掌向下經腹前向左畫弧雲轉至左腹，掌心由外轉向內。目隨左掌。

　　重心左移、上體左轉與兩掌雲轉應協調一致，同步到位。應以腰帶身帶臂運動，速度均勻。雲手中以馬步過渡，上體保持舒鬆中正，注意斂臀。右臂雲轉不夾臂，左臂雲轉不揚肘。

　　左轉體雲掌為呼氣。

　　【攻防含義】與（七）同。

十九、雲 手
（十二）收右腳翻掌

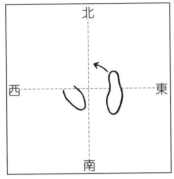

上體繼續左轉，右腳收於左腳內側，腳前掌著地，腳尖內扣約45°落地，兩腳相距10～20公分。左掌雲至身體左側逐漸翻轉，左掌心轉向外；右掌雲至左肘內側，掌心轉向上。目視左掌前方。

上體左轉、收右腳與左、右雲手翻掌應協調一致，同步到位。應以腰帶身帶臂運動，速度均勻。上體舒鬆中正，注意斂臀。收右腳時左腿微屈。保持身體平移，不起伏。定勢時，不揚肘，不夾臂。

收右腳翻掌為呼氣。

【攻防含義】與（八）同，唯步型不同。

二十、獨立打虎
(一)斜撤步穿掌

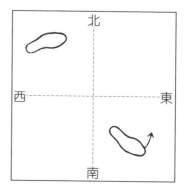

重心移向右腿，左腳向身後撤一步，右腿屈膝前弓。左掌掌心翻轉向上向下畫弧，收於腹前；右掌掌心翻轉向下，經左前臂上方穿出，向前伸探至體前，腕高與肩平。目視右掌前。

撤步與穿掌、收掌應協調一致，同步到位。弓步形成時鬆腰沉胯，上體中正，不前傾。兩臂微屈，左臂不夾臂。

斜撤步穿掌為調息。

【攻防含義】設對方左手從右前來犯，我左轉體撤左步，並以左掌接拿其腕，右手穿拿其肘，反彼臂關節，也可右穿掌刺彼喉、目。

四十二式太極拳競賽套路分解教學

150

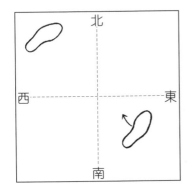

二十、獨立打虎
(二)移重心畫弧

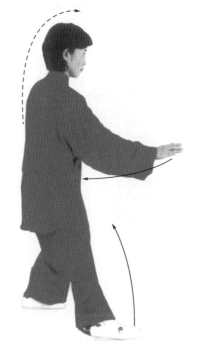

重心左移，上體左轉，右
腳尖內扣。左掌向下經腹前
向左畫弧，右掌向下落於體
側。視線隨上體轉動，目視
前方。

重心左移、左轉體、扣右
腳與兩掌畫弧應協調一致，
同步到位。應以腰帶身帶臂運動。重心移向左腿、左腿屈
膝的同時，鬆右膝，扣右腳尖。上體中正，不前傾凸臀。

左轉體扣腳為吸氣。

【攻防含義】設對方以手腳進擊我下腹部，我重心隨
之左移，並以左掌向下向左畫弧以解之。

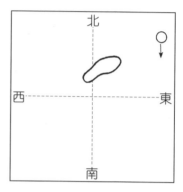

二十、獨立打虎

（三）提腿架抱拳

北

西 —— 東

南

兩掌握拳，左拳經體側屈臂上架至左額前上方，拳心向外，拳眼斜向下；右拳屈臂收於左胸前，拳心向內，拳眼朝上。左腿微屈站穩，右腿屈膝提起，右腳收至襠前，腳尖上蹺並內扣。頭轉向右前方，目平視斜前方。

左拳舉架、右拳收抱與提膝蹺腳內扣應協調一致，同步到位。左拳屈臂上舉時，要有一向上的撐力，與右腿屈膝提起，腳尖上翹內扣的力（力達腳踝內側）相對稱。上體中正，不前傾、後仰。左臂上舉不揚肘，右臂收抱拳不夾臂。

提膝架抱拳為吸氣。

（攝自東側）

【攻防含義】設對方出招上擊頭部、下擊襠腹部，我即提右腿護襠，左拳上架護頭，同時以右拳反擊其胸肋部。

二一、右分腳
(一)垂腳合抱掌

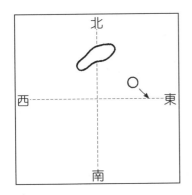

上體微右轉，右腳內收，腳尖鬆垂。兩拳變掌，左手向下，右手向上，在胸前相合疊腕，右掌在外，掌心皆向內。目視右前方。

右腳內收、腳尖下垂與兩掌疊抱要協調一致，同步到位。右腿屈膝，腳尖向下鬆垂時，要控制好右大腿不可落下。左腿微屈，保持獨立站穩。上體中正，鬆肩垂肘。

垂腳合抱掌為調息。

【攻防含義】設對方伸手進擊我胸部，我順勢兩臂交叉抱掌，以巧力封化之。

四十二式太極拳競賽套路分解教學

二一、右分腳
(二)右分腳分掌

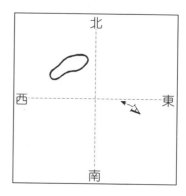

右腳腳面展平，腳尖向右前方約 30° 緩緩踢出，高過腰部。兩掌同時向右前方和左後方畫弧分開，掌心皆向外，指尖向上，腕高與肩平，兩臂撐舉，肘關節微屈，右肘與右膝上下相對。目視右掌。

右腳分踢與兩掌分劈要協調一致，同步到位。注意左腿微屈，保持獨立站穩。上體中正，不勾腰、後仰。

右分腳分掌為呼氣。

【攻防含義】攻防接上動，當對方出手進犯我胸部被封化後，我順勢以兩掌分開對方雙臂，同時右腳彈踢其要害處。

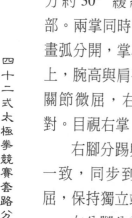

二二、雙峰貫耳
(一)屈膝旋合臂

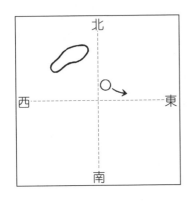

右腿屈膝，小腿回收，腳尖下垂。兩臂屈肘外旋，在胸前相合，兩掌經面前畫弧平行下落於右膝上方，掌心翻向上，兩手相距20公分左右。目視前方。

兩掌外旋下落與右腿屈膝收小腿應協調一致，同步到位。注意左腿微屈，保持獨立站穩。上體中正，不勾腰、後仰。兩掌下落時，控制好右大腿不下落，右膝有上提之意，小腿回收，腳尖自然下垂。兩掌下壓屈肘內合時，不夾臂，兩掌間距離不大於肩寬。

屈膝旋合臂為呼氣。

【攻防含義】設對方雙手向我胸部進犯，我垂肘合臂巧化之。同時提膝打對方襠、腹部。

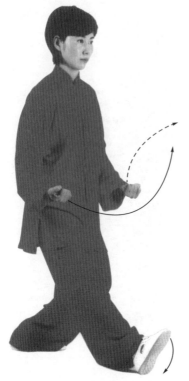

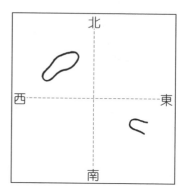

（二）落腳雙落掌

右腳向右斜前方約30°落步，腳跟著地。兩掌變拳分落於胯兩旁，拳心斜向上。目視前方。

右腳落步與兩掌分落應協調一致，同步到位。左腿應緩緩屈蹲，使重心下降，繼而落右腳，以保持穩定。上體中正，不前傾凸臀。

落腳雙落掌為吸氣。

【攻防含義】設對方出招向我兩肋進擊，我右腳向前落步，踩住其前腳、同時兩拳向兩側分落以解之。

二二、雙峰貫耳
(三)弓步雙貫拳

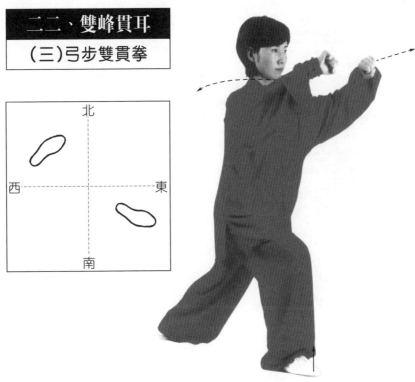

重心前移，右腳踏實，成右弓步。兩拳經兩側向前上方畫弧貫打，高與耳齊，相距同頭寬，拳心斜向外，拳眼斜相對，兩臂半屈成鉗形。目視前方。

弓步與雙貫拳要協調一致，同步到位。重心應緩緩前移。弓步形成時，上體中正，不前傾，鬆腰沉胯。雙貫拳時，雙肘下垂，不揚肘。

弓步雙貫拳為呼氣。

【攻防含義】攻防接上動，當對方出手擊我下肋被化解後，我隨即弓步並以雙拳貫打彼兩耳門。

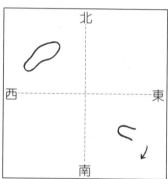

二三、左分腳

(一)後坐拳變掌

重心後移，右腳尖蹺起。兩拳變掌，左右分開，掌心皆向外，腕與肩同高。目視前方。

後坐、蹺腳尖與兩拳變掌左右分開要協調一致，同步到位。後坐時，左腿微屈，右膝放鬆，右腿不可僵直。兩拳變掌左右分開不可過大，兩臂微屈，鬆肩垂肘。

後坐拳變掌為吸氣。

【攻防含義】設對方用雙拳向我兩耳側進擊，我兩拳變掌順勢向兩旁分攔以解之。

二三、左 分 腳
(二)轉體分落掌

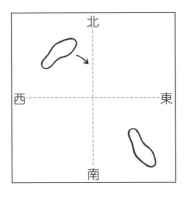

右腳尖外擺踏實，上體右轉，重心稍前移。兩掌稍下落，掌心斜向外。目視左前方。

腳尖外擺，上體右轉與重心前移要協調一致，同步到位。應以腰帶身帶臂運動。上體中正，兩臂微屈，鬆肩垂肘。

右轉體分掌為吸氣。

【攻防含義】設對方從我右前進招，我順勁右轉體擺腳以化之。

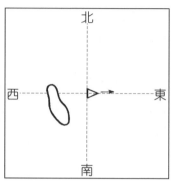

北

西　　　　　　東

南

　　重心前移，左腳收於右腳內側而不落地，上體微左轉。兩掌從左、右兩側向下向內畫弧至腹前相交，舉抱於胸前，兩腕相疊，左掌在外，掌心皆向內。目視左前方。

　　抱掌與收腳要協調一致，同步到位。注意右腿屈膝，保持獨立站穩，上體中正，不歪斜。鬆肩垂肘，腋下含空。

　　提左腳抱掌為呼氣。

　　【攻防含義】與「二一、右分腳」之（一）同，唯左右相反。

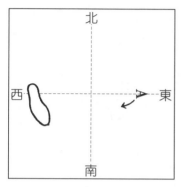

二三、左 分 腳

（四）左分腳分掌

右腿微屈站穩，左腿屈膝提起，左腳尖向左前方（與起勢方向成 90°）慢慢踢出，腳面展平，高過腰部。兩掌撐舉，肘關節微屈，左臂與左腿上下相對。目視左掌。

左腳分踢與兩掌分劈要協調一致，同步到位。注意右腿微屈，保持獨立站穩。上體中正，不勾腰、不後仰。左肘、左膝上下相對應。

左分腳分掌為調息。

【攻防含義】與「二一、右分腳」之（二）同，唯左右相反。

四十二式太極拳競賽套路分解教學

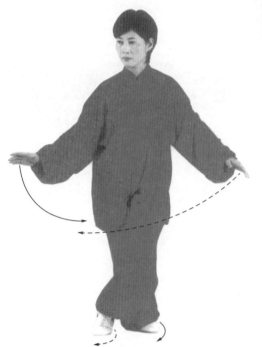

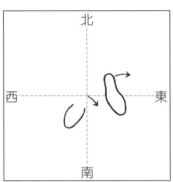

北

西　　　　　　　　東

南

　　左腿屈收下落至右腳外側；腳前掌著地。兩掌從兩側向下落至與腰同高，掌心斜向下。目視前下方。

　　蓋步與雙落掌要協調一致，同步到位。左腿屈收後，右腿應微屈蹲，以降低身體高度，保證蓋步腳掌落地時身體平衡。注意含胸拔背。

　　蓋步雙落掌為呼氣。

　　【攻防含義】設對方腿腳向我進攻，我順勢轉體蓋落步，同時兩掌下落以解之。

二四、轉身拍腳
(二)雙碾腳合手

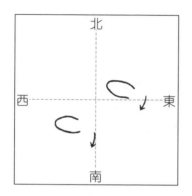

以右腳掌、左腳掌為軸順勢向右後蹍腳轉身。兩掌同時從兩側下落向腹前畫弧至兩手相合，兩前臂外旋，掌心斜向上。頭隨身體轉動，目視前方。

雙碾腳、轉體、兩掌外旋畫弧三者應協調一致，同步到位。轉體時，保持上體中正，不聳肩，不凸臀。

跟腳右轉體為吸氣。

【攻防含義】在與對方格鬥時，「轉體」動作是戰術上的需要，利用轉體換招，既能攻又能守。

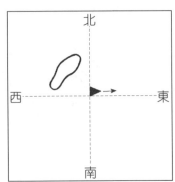

二四、轉身拍腳

(三)右丁步抱掌

北

西 —— 東

南

　　重心左移，身體繼續右後轉（側對上動作左分腳方向），右腳隨之轉正，腳尖點地。兩掌交叉，右掌在外，舉抱於胸前，掌心皆向內。目視右前方。

　　重心左移，身體和右腳隨之轉正，與雙手抱掌要同時到位。注意兩腿屈蹲，保持上體中正，鬆肩垂肘。

　　提右腳抱掌為吸氣。

　　【攻防含義】與「二三、左分腳」之（三）同，唯左右相反，右腳尖點地。

二四、轉身拍腳
(四)分掌右拍腳

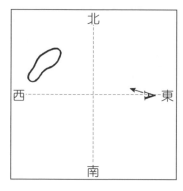

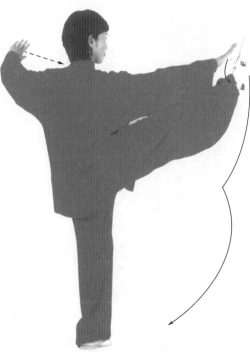

　　左腳支撐重心，右腳向上踢擺，腳面展平。兩臂內旋，掌心轉向外，右掌向前擊拍右腳面，高與頭齊；左掌向後畫弧分開，平舉於身體左方，腕高與肩平。目視右掌。

　　右腿彈踢與兩手分掌拍擊要同時完成。注意左腿立穩，借伸膝的動力，起右腿拍腳。拍腳時，保持身體平穩中正，不勾腰或後仰。

　　分掌右拍腳為呼氣。

　　【攻防含義】對方出手向我胸腹進擊而被我畫弧抱掌解脫後，我隨即將對方兩手分開，同時右腳由下向上踢出，右掌向前向下擊彼頭面部。

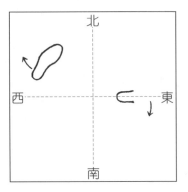

二五、進步栽捶

(一)落腳前伸掌

北

西────────東

南

重心仍在左腿。左腿屈膝微下蹲；右腳屈收，右腿緩緩下落，腳跟著地，腳尖翹起。右掌微下落前伸，掌心向下；左掌微下落向左側伸展，掌心向下。目視右掌前方。

落腳與落掌應協調一致，同步到位。落腳要穩、輕，注意身體平衡，上體中正，不左歪右斜，不低頭。鬆肩垂肘，舒展大方。

落腳前伸掌為調息。

【攻防含義】右腳下落伸掌的攻防含義是以靜待動。

166

二五、進步栽捶
(二)右轉體畫弧

北

西 ———————— 東

南

　　右腳尖外撇，上體右轉，重心前移。兩前臂外旋，左掌向上向右畫弧，掌心轉向右；右掌翻轉下落至腰間，掌心向上。頭隨上體轉動，目視右前方。

　　擺腳、轉體與兩掌兩臂旋轉畫弧三者應協調一致，同步到位。注意以腰帶身帶臂運動。擺腳轉體時，左腿屈蹲，保證身體重心平穩前移。

　　擺腳轉體為呼氣。

　　【攻防含義】設對方出手從我左前進擊，我順勢右轉體，並左右畫弧以解之。

四十二式太極拳競賽套路分解教學

167

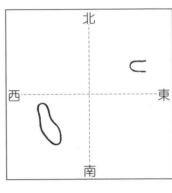

二五、進步栽捶

（三）上步右握拳

左腳向前上步，腳跟著地，上體微左轉。右掌向右向上畫弧，屈肘握拳收於右耳側，拳心向下；左掌向前下畫弧落於腹前，掌心斜向下。目視前下方。

上步腳跟著地與屈肘握拳收於右耳側應協調一致，同步到位。注意右腿屈蹲，左落步要輕，左膝放鬆。上體舒鬆中正，注意斂臀。

上左步握拳為吸氣。

【攻防含義】設對方伸手腳從我左肋下進擊，我左轉體上左步，同時左掌向前下畫攔以解之，右拳則收於右耳側待發。

二五、進步栽捶
(四)弓步摟栽捶

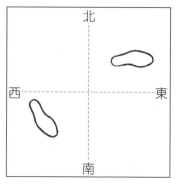

上體左轉，稍向前俯身，重心前移，成左弓步。右拳向前下方打出，高與腹平，拳面向前下方，拳眼向左；左掌自左膝上方摟過，按於左胯旁。目視右拳前。

重心前移成左弓步與右拳向前下方栽打應協調一致，同步到位。弓步栽捶時鬆腰沉胯，上體不要過於前傾。

弓步摟栽捶為呼氣，

【攻防含義】攻防接上動，對方手腳被我左掌畫攔後，我隨即用右拳栽打其腹部或腿膝部。

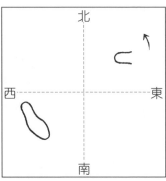

二六、斜飛式

（一）後坐拳變掌

　　重心後移，左腳尖上翹。右拳變掌前伸，掌心向下，指尖向前，高與肩平；左掌按於左側，掌心向下，指尖斜向前，約與胯同高。目視右掌前方。

　　重心後坐、腳尖上翹與右拳變掌、左掌隨身動應協調一致，同步到位。右腿屈膝時左膝放鬆，左腿不可僵直，周身舒鬆中正。

　　後坐拳變掌為吸氣。

　　【攻防含義】設對方向我頭部進擊，我身體後坐，右拳變掌上抬拒之。

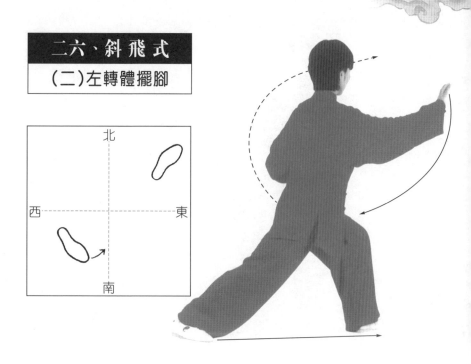

二六、斜飛式

(二)左轉體擺腳

北
西 — 東
南

　　重心左移，左腳外擺，上體左轉。右掌繼續向右前伸展微畫弧，左掌向左微畫弧，兩掌向兩旁分開。目視體前方。

　　左轉體、擺左腳與兩手同時畫弧應協調一致，同步到位，動作完整。在擺腳轉體時，身體要中正，屈膝合胯，不傾斜凸臀。

　　左轉體擺腳為吸氣。

　　【攻防含義】設對方出手進擊我左胸部，我順勢左轉體化解之。

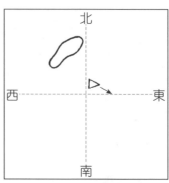

二六、斜飛式

（三）提腳斜抱球

左腳踏實，重心移至左腿，右腳收於左腳內側而不落地。左掌向上向右畫弧，屈臂於右胸前，掌心斜向下；右掌向下向左畫弧，屈臂於腹前，掌心斜向上，兩臂交叉斜抱球，左臂在上。

目視左前方。

移重心、擺腳與收腳、斜抱球要協調一致，相繼到位。左腳踏實後，左腿屈蹲立穩，以保證收右腳時身體平衡。上體不可前傾。注意斂臀。

收步斜抱球為呼氣。

（攝自東側）

【攻防含義】設對方拳腳向我胸腹部進攻，我身體左轉，重心前移，同時兩臂斜抱，兩掌上下攔擋，並以右肩將其打出。

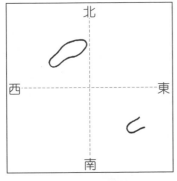

上體微右轉，右腳向右前側開步，腳跟著地。兩臂繼續交叉相抱，右掌向左前插伸，左掌向右肩前伸。目視左掌前。

右腳上步、兩臂合力、右掌插伸、左掌前探四者要協調同步，相繼到位。應在左腿屈蹲降低身體高度後，右腳向右側開步，腳跟著地要輕。兩臂交叉相抱，不夾臂。注意斂臀，上體不要過於前傾。

上步斜插掌為吸氣。

【攻防含義】攻防接上動，當我以右肩靠打而對方向我右前撤讓時，我隨即上右步套攔其左腿，並以右掌向下攔推其右腿，使其難以招架。

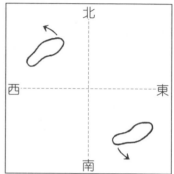

二六、斜飛式

（五）橫襠步分掌

重心右移，上體微左轉，成右側弓步（橫襠步）。右肩向右傾靠，兩掌分別向右前上方和左前下方撐開，右掌略高於頭，掌心斜向上；左掌與胯同高，掌心斜向下。目隨左掌前。

右肩向右傾靠成右側弓步與兩掌分撐要協調一致，同步到位。移重心成側弓步時，形在兩手意念在肩，以肩大臂為力點，靠擊對方肩、背、胸。注意鬆腰坐胯，左膝放鬆，兩臂微屈。

右弓步分掌為呼氣。

【攻防含義】攻防接上動，當對方腿被我套攔時，我勁不斷順勢重心右移，以左手拿住其手腕，以右手臂掤挑其腋下，將其靠摔出去。

（攝自東側）

二七、單鞭下勢
（一）勾手右擺掌

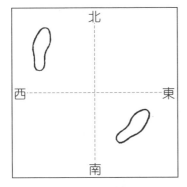

（攝自東側）

重心左移，上體左轉，左腳微外擺，右腳跟稍外蹍。左掌變勾手，提至身體左側，腕與肩同高；右掌向左畫弧，經頭前擺至左肘內側。目視右掌。

移重心、轉體、擺左腳、蹍右腳成弓步與左勾手、畫右掌應協調一致，速度均勻，同時到位。定勢時，左臂微屈，右臂微屈肘，不夾臂，兩肩鬆沉。

勾手右擺掌為吸氣。

【攻防含義】設對方伸右手來犯，我以左手拿之；對方又伸左手來犯，我右掌順勢攔化之。

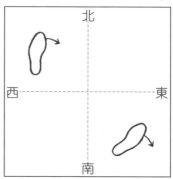

二七、單鞭下勢
(二)右仆步穿掌

　　左腿全蹲，左腳踏實，右腿鋪直，上體右轉，成右仆步。右掌下落經腹前順右腿內側向右前穿出，掌心由內轉向外，指尖向前；左勾手勾尖向下，約與肩同高；目視右掌。

　　仆步穿掌時注意鬆胯，上體保持中正，不要前俯，穿掌時拇指向上，指尖領先，以保證勁力順達。注意仆步形成即應穿掌到位。穿掌時切忌前傾彎腰、凸臀。

　　右仆步穿掌為呼氣。

　　【攻防含義】設對方出招向我頭部擊來，我順勢屈膝下蹲，避其招法，同時以右掌穿擊對方或拿其腿。

四十二式太極拳競賽套路分解教學

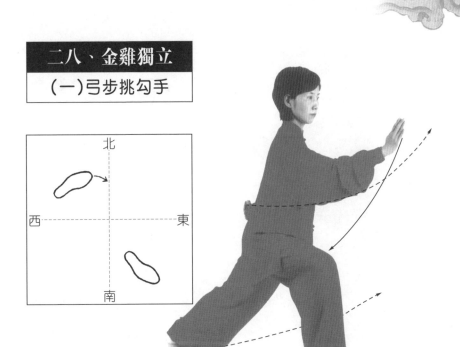

二八、金雞獨立

(一)弓步挑勾手

重心右移，上體右轉，右腳尖外擺，左腳尖內扣，右腿屈弓，左腿自然蹬直，成右弓步。右掌向上挑至體前，成側立掌，腕高與肩平；左臂內旋落至身後，勾尖向上。目視右掌前。

右弓步形成與右挑掌、左勾內旋朝上應協調一致，同步到位。右腳尖外擺、左腳尖內扣時，重心緩緩右移，控制身體高度，注意沉胯。右掌順右腿內側前伸，弓步快形成時，立掌上挑，掌心向左。上體不得前傾凸臀。

弓步挑勾手為呼氣。

【攻防含義】攻防接上動，我重心前移弓步，同時左手向後拿撈對方襠部，右手向前挑穿來犯者的襠部及腿。

四十二式太極拳競賽套路分解教學

177

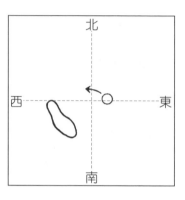

　　重心前移，上體右轉，左腿屈膝向前上提起，腳尖下垂；右腿微屈站穩，成右獨立步。左勾手變掌，經體側向前向上挑起，成側立掌，指尖高與眉齊，掌心向右；右掌翻轉下按於右胯旁。目視左掌前。

　　提膝與挑掌、按掌應協調一致，同步到位。提左膝時，注意右腿微屈，重心緩緩前移落於右腿，保證獨立站穩。左大腿面高與腰齊，腳腕放鬆；左肘與左膝相對。左挑掌應順肩撐臂，右手下按沉腕。

　　左提膝挑掌為吸氣。

　　【攻防含義】設對方出拳、腳向我右肋下進擊，我重心前移獨立，以右掌下按化之；同時以左膝擊打彼襠、腹部，左掌托其右手臂或穿打其下頦。

二八、金雞獨立

（三）後落步落掌

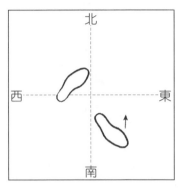

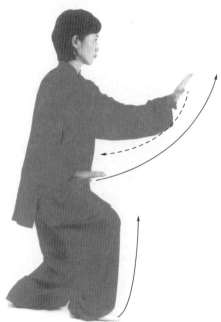

　　右腿稍屈，左腳落於右腳內側後方，重心後移。左掌內旋，掌心向下按，與胸同高，掌指向前。目視前方。

　　後落步與落掌應協調一致，同步到位。右腿屈蹲，以降低身體高度，再落左腳。上體保持中正。

　　後落步落掌為呼氣。

　　【攻防含義】設對方出手向我左胸肋進擊，我左腳向後稍撤步，同時左掌向下畫落以解之。

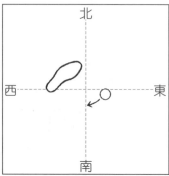

北
西 —— 東
南

　　重心落於左腿，上體微左轉，右
腿屈膝提起，腳尖下垂；左腿微屈
站穩，成左獨立步。左掌繼續下按
至左胯旁，右掌成側立掌挑至體
前，指尖高與眉齊。目視右掌。

　　提膝與挑掌、按掌應協調一致，
同步到位。提右膝時，注意左腿微
屈並站穩；右膝高與腰齊，腳腕放
鬆；右肘與右膝大體相對。右挑掌
應順肩撐臂；左手下按，沉胯。

　　右提膝挑掌為吸氣。

　　【攻防含義】與（二）同，唯左右相反。

（攝自東側）

二九、退步穿掌
(一)後撤步探掌

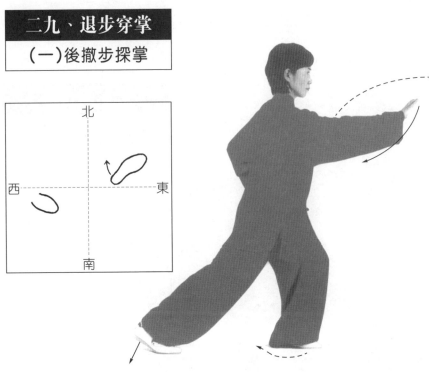

　　左腿稍屈，右腳後撤一步，腳掌著地，左腿屈弓。右掌內旋，掌心向下，微下落前探，約與肩同高；左掌隨體運動，微向左畫弧，掌心仍向下。目視右掌。

　　撤步與落掌應協調一致，同步到位。注意上體保持中正，鬆腰沉胯，不前傾。右落掌方向與右撤步方向成一直線。

　　後撤步探掌為呼氣。

　　【攻防含義】設對方向我右胸肋進擊，我右腳後撤，右掌同時微下落以解之。

二九、退步穿掌
(二)左弓步穿掌

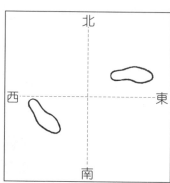

右腳踏實，右腿自然伸直；左腳以腳掌為軸，腳跟向外蹍正，成左弓步。左臂外旋，左掌翻轉掌心向上，經腰間從右前臂上穿出，腕高與肩平；右臂屈肘，橫掌下按，落於左肘下方。目視左掌。

右腳踏實、左腳蹍正成左弓步與左穿掌、右橫掌下按應協調一致，同步到位。注意上體保持中正，鬆腰沉胯，不前傾。左臂微屈，右臂不夾臂。

左弓步穿掌為呼氣。

【攻防含義】攻防接上動，我右掌繼續按壓對方伸出的手臂，同時左掌穿擊對方喉、面部。

第 四 段

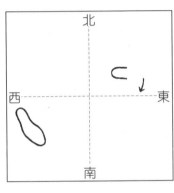

重心後移，蹺左腳尖。左掌隨重心後坐，微上托，掌心斜向上；右掌隨重心後移微向下向內收，掌心向下。目視左掌前方。

重心後移、右腿微屈膝、左腳尖上蹺三者應協調一致，同步到位。注意上體保持中正，重心後移時不後仰。左腳尖上蹺，左膝放鬆，左腿不僵直。

後坐蹺左腳為吸氣。

【攻防含義】設對方向我面部進擊，我重心後移，同時左掌微上托以解之。

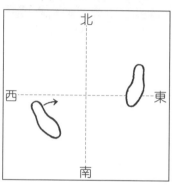

　　重心移向右腿，左腳尖內扣，上體右後轉。右掌收至右腹前，掌心向下，掌指向左；左掌舉於左額側上方，掌心向右前，掌指向上。目隨轉體平視。

　　移重心、扣腳、轉體、舉掌、收掌諸動作應協調一致，同步到位。注意上體保持中正，不歪斜，不凸右胯；兩腿均微屈。右臂不夾臂，左臂不揚肘。

　　右轉體舉掌為吸氣。

　　【攻防含義】設對方從右前向我頭面部進擊，我順勢右轉體舉掌化解之。

三十、虛步壓掌
（三）右蹍腳舉掌

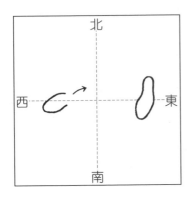

重心後坐，上體右轉，右腳跟內蹍，腳掌著地，腳尖向前。右掌隨轉體至右側，掌心向下，掌指斜向前；左掌隨轉體至左額前方，掌心向前，掌指向上。頭隨轉體，目視前方。

蹍腳與轉體、後坐要協調一致，同步到位。注意上體保持中正，注意斂臀。左腿微屈，右膝放鬆。

右蹍腳舉掌為吸氣。

【攻防含義】攻防接上動，繼續後轉體讓化。

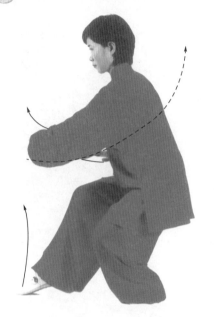

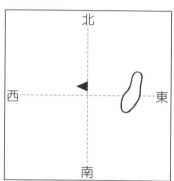

　　左腿屈蹲，重心落於左腿；右腳稍後移，前掌著地成右虛步。上體向下鬆沉，微向前俯；左掌自上而下橫按於右膝前上方，指尖向右；右掌按於右胯旁，指尖向前。目視前下方。

　　虛步形成與兩掌下壓應協調一致，同步到位。注意兩腿屈蹲，上體向下鬆沉，兩腳承重量約三七分（右三左七）。兩臂微屈，兩掌按撐。注意斂臀，上體微前俯、含胸，但不低頭。

（攝自西側）

　　虛步下壓掌為呼氣。

　　【攻防含義】設對方用腿進擊我下部，我重心後移收前腳，同時右手向右側摟化，左掌由上而下橫壓以解之。

三一、獨立托掌

（一）獨立撐托掌

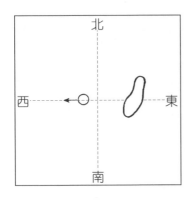

　　左腳蹬地，左腿微屈站穩；右腿屈膝提起，腳尖下垂，成左獨立步。右臂外旋，右掌翻轉上托舉於體前，掌心向上，腕高與胸平；左掌向左向上畫弧，撐於體側，腕高與肩平，掌心向外，指尖斜向前上。目視右掌。

　　提膝、托掌、撐掌、獨立要協調一致，同步到位。注意左腿屈膝站穩；右腿屈膝提起，約與腰同高。右臂微屈，肘膝相對；左臂撐圓垂肘。上體保持中正。

　　右提膝托掌為吸氣。

　　【攻防含義】攻防接上動，對方用右手擊打我頭部時，我隨即起身提膝擊打其襠、腹部，同時以左手化解，右掌刺向其喉、目或托拿其下頦。

三二、馬步靠

(一)落步撐托掌

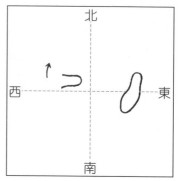

　　重心下降，右腳前落，腳跟著地。兩臂隨身體下降而微下落。目視右掌前方。

　　落腳時，兩臂不散，身體要平穩。注意左腿微屈，重心下降時落右腳。上體保持中正，不前傾凸臀，周身舒鬆自然。

　　落步撐托掌為呼氣。

　　【攻防含義】攻防接上動，我提膝擊打對方後，隨即落步調整重心，兩手不散，以控待發。

三二、馬步靠
(二)右轉體畫弧

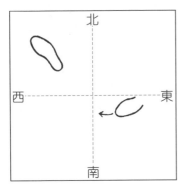

右腳尖外擺，重心前移，上體右轉，左腳跟提起。右臂內旋，右掌翻轉下捋，掌心向下，落於右胯前上方；左臂外旋，左掌向上向右畫弧至體前，掌心斜向右。目視前方。

重心前移、右腳尖外擺、上體右轉與右掌下捋、左掌畫弧應協調一致，同步到位。重心前移時，右腿應屈膝，保持身體平移。注意以腰帶身帶臂運動。

右轉體畫弧為呼氣。

【攻防含義】設對方出手向我進擊，我右轉體以身化招，同時右手向下捋按其左手，以左手向上向右攔截其右手，以阻遏來招。

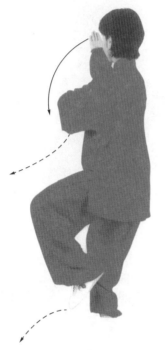

三二、馬步靠
（三）提腳左握拳

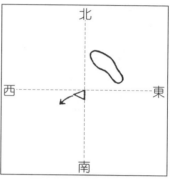

左腳收於右腳內側而不落地，上體繼續右轉。右掌翻轉向上，並向右畫弧舉於體側，高與頭平；左掌握拳落於右腹前，拳心向下，拳眼向內。目視右前方。

收腳、上體右轉與舉掌、握拳應協調一致，同步到位。應以腰帶身帶臂運動。右腿屈蹲站穩，右臂微屈，掌心斜向上。

收步左握拳為吸氣。

【攻防含義】設對方伸右手來犯，我左手拿其手腕，右掌托其左手臂，同時收步靠身，使對方失去重心。

（攝自西側）

三二、馬步靠
(四)半馬步斜靠

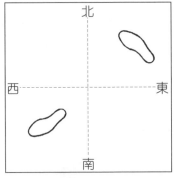

（攝自西側）

上體左轉，左腳向左前方上步，重心略向前移，沉胯成半馬步。左臂內旋屈肘，前臂立起向左撐靠，左拳眼向內，拳面向下，置於左膝前；右掌屈收，經耳側下推左臂向前擠靠，掌心向左，掌指向上附於左臂內側。目視左前方。

半馬步形成與兩臂向左前方撐靠應協調一致，同步到位。上體下沉，右腿屈膝半蹲時，注意斂臀，上體保持中正，利用身體重心下沉及右臂向左前擠靠，形成向左前方的靠勁，但重心仍偏右腿。

半馬步斜靠為呼氣。

【攻防含義】攻防接上動，我左腳上步套住對方右腿，同時重心前移發力，並以左肘左肩靠擊對方胸、腹部，使之傷痛倒地。

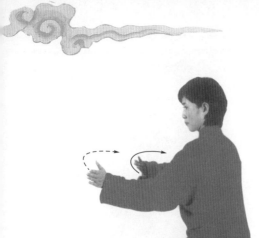

三三、轉身大捋
（一）後坐前撐掌

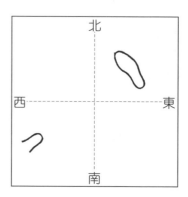

重心移向右腿，左腳尖翹
起。左拳變掌，左臂外旋，右臂
內旋，兩掌心同時轉向外，並微
向後收帶。目視兩掌。

重心後移、兩臂旋轉、兩掌
心轉向外三者應協調一致，同步
到位。應以腰帶身帶臂運動。右
腿屈蹲，左膝放鬆。上體保持中
正，不凸臀。兩臂微屈外撐。

（攝自西側）

後坐前撐掌為吸氣。

【攻防含義】設對方出手向我胸腹部進擊，我雙手順
勢向右前捋以化解之；同時後坐微右轉體，使其站立不
穩。

四十二式太極拳競賽套路分解教學

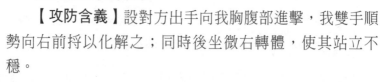

三三、轉身大捋
(二)擺腳旋畫弧

上體左轉，左腳尖外擺，重心移向左腿；兩腿屈蹲。左臂內旋，左掌屈肘提至胸前，橫掌掌心向外；右臂外旋，舉於身體右側，掌心向上，高與胸平。目視右掌前。

擺腳、移重心與兩臂旋轉應協調一致，同步到位。應以腰帶身帶臂運動。從上式到本式兩臂旋轉動作要柔和連貫。上體保持中正，注意斂臀。

擺腳旋畫弧為吸氣。

【攻防含義】設對方出手來犯，我上體先微右轉，繼而微左轉；同時以雙掌向右向左旋擺以化之。

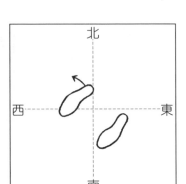

北

西 —————— 東

南

　　重心前移，上體左轉，右腳收於左腳內側，兩腳平行向前站立，重心仍偏於左腿。兩臂隨身體升高而升高，右臂托掌於身體右側，高與肩平，掌心向上；左臂屈肘橫掌撐於胸前，掌心向外。目視右手前。

　　在收右腳時，左腳要踏實立穩。撐托掌與收步應協調一致，同步到位。兩腿站立時要鬆膝。右臂微屈托掌，左臂外撐而不揚肘。

　　收步撐托掌為呼氣。

　　【攻防含義】攻防接上動，當對方出擊的左手臂被我用雙掌擺化時，我勁不斷、勢不丟，以左手纏拿其手腕，右手纏托其肘，以合力令其被動。

三三、轉身大捋
(四)蹍腳左轉體

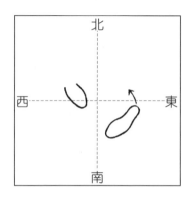

右腳以掌為軸，腳跟外蹍，身體左轉。兩臂上式的右托掌、左撐掌不變。隨上體轉動，目視前方。

在轉身蹍右腳時，左腳要立穩、合胯。蹍腳時重心移向左腿。蹍腳後右腳即踏實，兩腿微屈。

蹍腳左轉體為吸氣。

【攻防含義】攻防接上動，我吊拿起對方左手臂後，隨之蹍右腳、左轉體，使其無計可施。

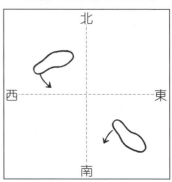

身體繼續左轉，右腿屈弓，左腳後撤一步，腳尖外擺落地。兩掌隨轉體向左平捋至體前，右掌高與頭平；左掌置於右肘內側，兩掌心斜相對。目視右掌。

撤步與兩掌平捋應協調一致，同步到位。應以腰帶身帶臂運動。弓步形成時，鬆腰沉胯，周身安舒。

撤步弓步捋為吸氣。

【攻防含義】攻防接上動，我左腳後撤，兩手合拿其臂不丟，使對方身體不穩，另一手亦失靈。

三三、轉身大捋

(六)橫襠步壓肘

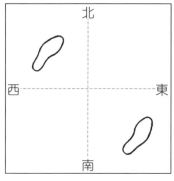

（攝自東側）

上體繼續左轉，重心左移，左腳跟微內蹍，右腳跟外蹍，右腿自然伸直，成左側弓步（橫襠步）。兩掌向左平捋，逐漸握拳，左臂外旋，左拳向左畫弧捲收於腰間，拳心向上；右臂屈肘外旋滾壓至體前，右拳高與胸齊，拳心斜向上。目視右拳。

橫襠步形成與滾壓、收拳應協調同步。應以腰帶身帶臂運動。右臂屈肘外旋滾壓至體前，運行要沉穩，勁力連貫沉實。

橫襠步壓肘為呼氣。

【攻防含義】攻防接上動，我左手拿牢彼左手腕，右手握拳，以小臂粘貼其左肘部，重心左移轉體，同時滾臂壓肘，使其倒地。

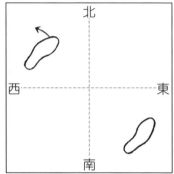

三四、歇步擒打

（一）旋臂架穿拳

　　上體右轉，重心右移。右臂內旋屈肘上架，右拳置於右額前，拳心向外；左臂內旋，左拳向身體左後方穿出，拳心向後。目視前方。

　　上體右轉、重心右移與右架拳、左穿拳要協調一致，同步到位。重心右移時，注意屈右腿、鬆左膝，使身體平移。右拳撐架不揚肘；左穿拳注意凸腕，以體現穿抓勁力。注意斂臀。

　　旋臂架穿拳為吸氣。

　　【攻防含義】設對方出手向我頭右側進擊，我右拳向上旋架以解之；同時左拳向後旋穿，擊打背後來犯者的襠、腹部，前後應敵。

三四、歇步擒打
（二）弓步左伸掌

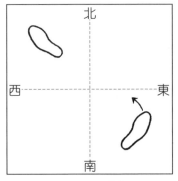

北
西 — 東
南

（攝自東側）

上體左轉，左腳尖外擺，右腳尖微內扣，重心前移成左弓步。右拳經體側下落捲收腰間，拳心向上；左拳變掌，向前畫弧，掌心翻轉向右，指尖向前。頭隨體轉，目視左掌前方。

轉體、重心前移與收拳、伸掌應協調一致，同步到位。在右掌下落變拳同時，左掌先外旋，向前向上伸挑翻轉後，左肘與左膝相對。注意斂臀。

弓步左伸掌為吸氣。

【攻防含義】攻防接上動，當我左拳向後打而對方撤讓時，我順勢左轉體，以左掌向前穿挑其襠部。

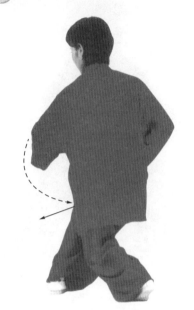

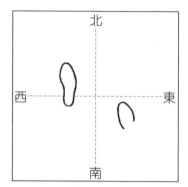

重心前移，右腳經左腳內側向左前方蓋步橫落，兩腿交叉屈蹲，左腳跟提起。左掌握拳屈肘橫收於胸前，拳心向下，虎口向內。目視右拳前方。

右腳蓋步與左掌握拳橫收應協調一致，同步到位。重心前移時，左腿應屈蹲使身體平移，不要起伏不定。上體保持中正，注意斂臀。

上右步握拳為呼氣。

【攻防含義】攻防接上動，我左手順勢擒住對方，右腳向前蓋步，使其欲逃不得。

（攝自東側）

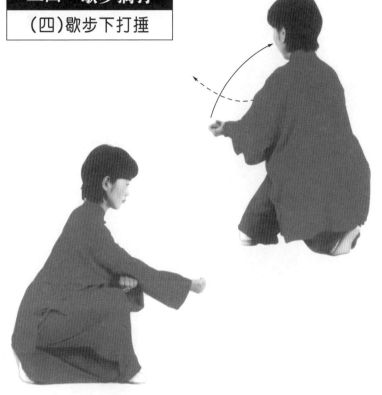

　　兩腿交叉屈蹲成歇步。左拳收於腹前，拳心向下，虎口向內；右拳經左前臂上向前向下方打出，高與腹平，拳心向上。目視右拳。

　　成歇步與收左拳、打右拳要協調一致，同步到位。注意成歇步時，左膝應穿出右膝窩，兩腿盤緊，保持動作沉穩。右拳下打要到位，右肘部接近左前臂。

　　歇步下打捶為呼氣。

　　【攻防含義】攻防接上動，我重心下沉，歇步坐穩；同時右拳向對方下腹部擊打。

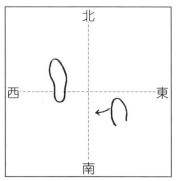

北

西 ---- 東

南

（攝自東側）

兩腿緩緩站立，右腳踏實，左腳掌支撐地面，兩腿微屈。兩拳變掌，右臂內旋，掌心翻轉向外，掌指向左，提至胸前；左臂外旋，掌心翻轉向外，掌指向左，舉於身體左側。目視左掌。

起身站立與拳變掌翻轉前撐應協調一致，同步到位。兩臂微畫弧旋轉前撐時注意鬆肩垂肘。

起身拳變掌為吸氣。

【攻防含義】設對方伸右手來犯，我即起身並以兩掌向前向右外撐挒以化之。

三五、穿掌下勢
(二)提腳雙撐掌

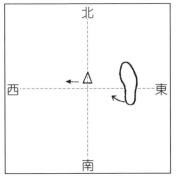

上體右轉，左腳收至右腳內側而不落地。兩掌向右前繼續撐拊於胸前，掌心均向外，掌指均向左。目視兩掌前方。

轉體、收腳與兩掌向外撐拊應協調一致，同步到位。應以腰帶身帶臂運動。兩臂屈肘外撐時，右臂不揚肘，左臂不夾臂。右腿微屈，獨立站穩。

提腳雙撐掌為吸氣。

【攻防含義】攻防接上動，繼續向右後攔拊。

三五、穿掌下勢

（三）上步擺伸掌

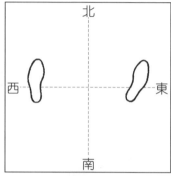

上體右轉，右腿屈蹲，右腳跟微內蹍，左腿向左側上步。兩掌向上向右畫弧，經面前擺至身體右側，掌心轉斜向下，指尖斜向右上；右掌伸舉於右前方，高與頭平；左掌屈臂擺至右肩前，高與胸平。目視右掌。

轉體、屈蹲、上步伸腿、擺掌應協調一致，同步到位。上左步伸腿與兩掌向右前方擺伸應形成上下對拔勁。弓步形成時，鬆腰沉胯，右臂微屈。

上步擺伸掌為呼氣。

【攻防含義】設對方從我右前伸手擊打，我右轉體上左步，同時兩掌向右前方擺攔，以化解來手並反擊其面。

四十二式太極拳競賽套路分解教學

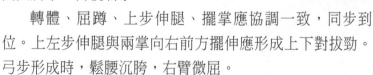

三五、穿掌下勢
(三)左仆步穿掌

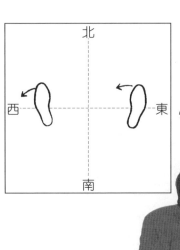

　　右腿全蹲，左腿鋪直，上體左轉，成左仆步。兩掌繞轉，指尖轉向左，經腹前順左腿內側向左穿出；左掌在前，掌心向外；右掌在後，掌心向內。目視左掌。

　　右蹲左直形成左仆步的同時，要邊轉腰邊穿掌。穿掌時，兩臂屈肘，兩掌心斜相對，以掌指領先穿出。仆步穿掌時，應斂臀坐胯，不要凹腰凸臀。

　　左仆步穿掌為吸氣。

　　【攻防含義】與「二七、單鞭下勢」之（二）同，唯左右相反。

三六、上步七星
(一)起身拳變掌

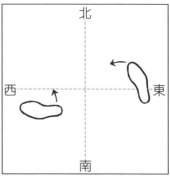

重心前移，上體左轉，左腳尖
外擺，右腳尖內扣，右腿伸直，左
腿屈弓。左掌向前向上挑起，腕高
與肩平，掌心向右，指尖斜向上；
右掌微向後拉至右胯旁，掌心向
下，掌指向前。目視左掌。

轉體左擺、右扣與
左挑掌、右回拉掌應協
調一致，同步到位。弓
步挑掌形成時，鬆腰鬆
胯，上體保持中正，兩臂微屈。

左弓步挑掌為吸氣。

【攻防含義】攻防接上動，我下勢躲過對方進擊後，
隨之重心前移弓步，同時右掌回落以化其來手，左掌前伸
挑其襠部。

三六、上步七星
（二）虛步十字拳

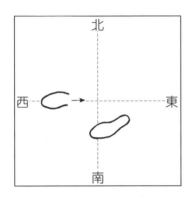

　　重心移至左腿，右腳上一步，前掌落地，成右虛步。左掌握拳微向內收，拳心向內；右掌變拳，向前向上架起，拳心向外；兩腕交疊，兩拳交叉於身前，高與肩平，右拳在外，兩臂撐圓。目視左拳。

　　虛步與架拳應協調一致，同步到位。右腳上步動作要輕靈舒鬆。虛步架拳時，上體保持中正，兩臂垂肘，不能聳肩。

　　虛步十字拳為呼氣。

　　【攻防含義】七星捶除了能封解對方向我胸腹部進攻的許多招法外，還可封打對方的胸、喉、頦部。

三七、退步跨虎
（一）右撤步落掌

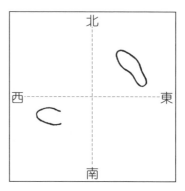

　　右腳向右後方撤一步，重心後移，右腳踏實；左腳跟微微提起。右拳變掌向右下方畫弧至右胯旁，掌心向下，掌指向前；同時左拳變掌，置於左胸前，腕高與肩平，掌心斜向上。目視左掌。

　　撤步、移重心、落掌應協調一致，同步到位。注意兩腿微屈，鬆腰坐胯，上體中正，鬆肩垂肘。

　　右撤步落掌為吸氣。

　　【攻防含義】設對方向我右肋下進擊，我即右腳後撤，同時右拳變掌向右下方畫落以解之，並左掌向前上方擊打其面。

（攝自西側）

三七、退步跨虎
(二)右轉體畫弧

北

西　　　　　　東

南

（攝自西側）

上體右轉，右臂外旋，右掌向右向上托至體右側，掌心向上，腕高與肩平；左掌向右向下畫弧，落至右胸前，掌心向下。目視右掌。

轉體、托掌、落掌應協調一致，同步到位。應以腰帶臂，注意動作柔順，鬆腰坐胯，左臂不夾臂。

右轉體畫弧為吸氣。

【攻防含義】設對方出左手向我進擊，我身體右轉，同時左掌向右畫弧以解之，還可以兩手接拿其臂。

三七、退步跨虎

(三)丁虛步壓掌

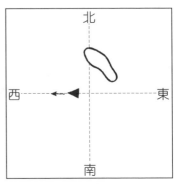

　　左腳稍向後收，腳前掌著地，落於右腳前，成丁虛步；上體左轉，兩腿略屈蹲。右掌向左經頭前向下落於左大腿外側，掌心向外，掌指向下；左掌向下向左經腹前收按於左胯側，掌心向下，掌指向前。目先隨右掌後視前方。

　　轉體、收腳、落掌、按掌與兩腿屈蹲應協調一致，同步到位。注意以腰帶臂在體前做畫弧格擋動作。兩腿屈蹲，重心落於右腿，鬆腰坐胯，注意斂臀。

　　丁虛步壓掌為呼氣。

　　【攻防含義】設對方同時出招向我面、腹部打來，我身體左轉，同時左掌由右向下向左畫弧，右掌向上向左向下畫落以解之。

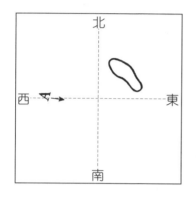

三七、退步跨虎

(四)獨立挑勾手

　　右腳蹬地，獨立站穩；左腿前舉，膝微屈，腳面展平，腳尖稍內扣。右掌向前向上挑起，成側立掌，腕高與肩平；左掌變勾手同時上提，舉於左方，高與肩平，勾尖屈腕向下。上體左轉。目視左前方。

　　右挑掌、左勾手上提與左腿前舉要協調一致，同步到位。注意右腿微屈，兩臂側舉，保證獨立站穩。上體中正，不勾腰、不後仰。目先隨右掌，當右掌挑起成側立掌時，隨左轉體視左前方。

　　獨立挑勾手為吸氣。

　　【攻防含義】攻防接上動，我順勢以左手拿住對方右手腕向左側吊起，同時以右掌挑起來犯的右腿，並起左腳掛踢對方襠部。

三八、轉身擺蓮

（一）落步托壓掌

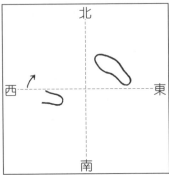

　　左腳前落，腳跟先著地，腳尖內扣，上體右轉。右臂內旋，右掌翻轉向下，屈肘向右平帶於胸前，掌心向下，掌指向左前；左勾手變掌外旋，掌心轉向上，自後向前平擺至體側，腕高與肩平。頭隨體轉，目視前方。

　　轉體、落腳、擺掌應協調一致，同步到位。注意以腰帶臂、平帶掌。左腳前落要輕，右腿微屈，重心偏右腿。上體保持中正。

　　落步托壓掌為呼氣。

　　【攻防含義】設對方伸右手來犯，我落腳立穩重心，順勢以左手托拿其肘，右手蓋拿其腕，以合力傷其關節。

三八、轉身擺蓮
（二）右轉體穿掌

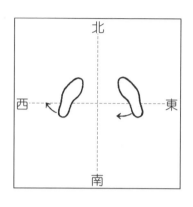

北

西 ———— 東

南

左腳內扣，向右後轉體。右掌外旋，從左肘下穿出，掌心向上；兩小臂交叉，掌指向左前方。頭隨體轉，目視前方。

扣腳轉體與穿掌應協調一致，同步到位。轉體到位後，兩腿微屈，左腿踏實，右腳跟微提起。

右轉體穿掌為吸氣。

【攻防含義】設對方封托我左肘，我身體右轉，同時以右掌從肘下穿掌以解之。

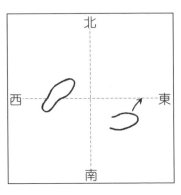

三八、轉身擺蓮

（三）蹍腳翻擺掌

上體繼續右轉，兩腳各以前掌為軸，隨轉體蹍腳，至與「上步七星」勢成背向；重心移向左腿，右腳尖虛點地面，呈右虛步狀。右掌穿出後向上向右畫弧，同時前臂內旋，掌心轉向下，指尖斜向上，至於身體右側，腕高與肩平；左掌自右臂內側翻轉下落，收至右肩前下方，掌心向右下，指尖斜向上。目視右掌。

蹍腳轉體成虛步與穿擺掌要協調一致，同步到位。蹍腳轉體到位後，斂臀坐胯，上體微向下鬆沉蓄勁，兩手臂垂肘鬆腕。

蹍腳翻擺掌為呼氣。

【攻防含義】設對方出手從我右側進擊，我繼續右轉體，同時兩掌向右外旋擺以解之。

三八、轉身擺蓮

（四）依次擺拍腳

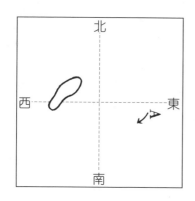

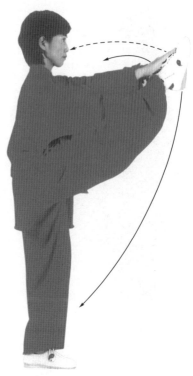

　　上體左轉，左腿微屈，右腿提起向左向上向右作扇形外擺，腳面展平。兩掌自右向左平擺，在頭前先左後右依次擊拍右腳面。目視兩掌。

　　做擺蓮腿法時，上體先微向下鬆沉蓄勁，並收腹以便將腿舉起擺動，兩手要依次擊拍腳面，並有一定的力度，但不要過快過猛，應有鬆快、穩健之感。注意兩掌不可同時擊拍腳面。在依次拍擊腳面時，不可弓腰、弓背。

　　依次擺拍腳為調息。

　　【攻防含義】設對方伸手從我左前進擊，我以雙手由右向左擺化，同時起右腿由左向右擺打對方腰部以上的任何部位。

三九、彎弓射虎

(一)垂小腿擺掌

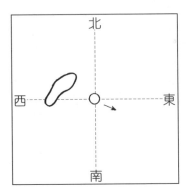

　　右小腿屈收，右腿屈膝提於體前側，腳尖下垂；左腿獨立站穩，上體左轉。兩掌繼續左擺，左掌擺至身體左側，右掌擺至左肩前下方，掌心均向下，高與肩平。目視左掌。

　　收右腿與兩掌左擺應協調一致，同步到位。注意左腿微屈，獨立站穩。右大腿提起，不要下落。定勢時，鬆肩垂肘，上體中正，不要歪斜。

　　垂小腿擺掌為吸氣。

　　【攻防含義】攻防接上動，當我用擺腿擊打對方後，順勢收小腿穩固重心，同時兩掌繼續左擺擊打對方。

三九、彎弓射虎
(二)斜落步畫弧

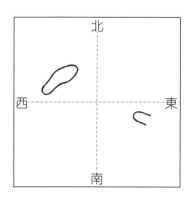

　　右腳向右前方落步，腳跟著地，上體右轉。兩掌同時下落，畫弧至體前，兩掌心皆向下，掌指皆向左前，高與下胸部齊。目視兩掌前。

　　落步與畫弧要協調一致，同步到位。左腿屈蹲以降低身體高度後，右腳落步，腳跟落地要輕。以腰帶臂運動，兩掌畫弧速度均勻。

　　斜落步畫弧為呼氣。

　　【攻防含義】設對方伸右手來犯，我即向右前方落步，同時兩掌順勢攔捋其臂以解之。

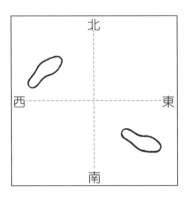

重心前移，右腳踏實，上體右轉。兩掌向右向上畫弧，同時握拳於體右側，兩拳眼斜相對，拳心皆向下，右拳與肩同高，左拳與上胸部同高。目視右拳前。

重心前移、上體右轉與兩掌畫弧舉拳應協調一致，同步到位。應以腰帶身帶臂運動。右舉拳不揚肘，左舉拳不夾臂。上體微右擰，但不歪斜，保持中正。

右轉體握拳為吸氣。

【攻防含義】設對方伸右手來犯，我身體右轉，左手沾拿其手腕以解之，同時右掌變拳待發。

三九、彎弓射虎
(四)弓步架打捶

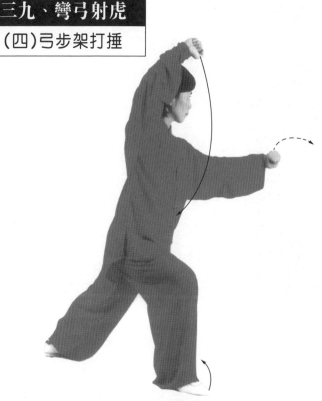

　　上體左轉，右腿屈弓；左腿自然伸直，成右弓步。左拳經面前向左前方打出，高與鼻平，拳心斜向前，拳眼斜向下；右拳同時屈肘向左前方打出至右額前，拳心向外，拳眼向下。目視左拳。

　　上體左轉、弓步形成與兩拳架打應同時到位。弓步架打時要鬆腰沉胯。架打過程中要柔和順隨，以腰帶身帶臂運動。

　　弓步架打捶為呼氣。

　　【攻防含義】攻防接上動，我重心前移弓步，同時左手擒住對方左手腕，向左前推送，右拳向前上方擊打其頭部。

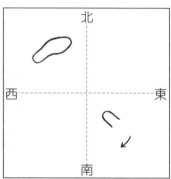

四十、左攬雀尾
（一）後坐拳變掌

重心後坐，右腳尖蹺起。兩拳變掌，左掌向左伸展，掌心向外，掌指斜向上，與肩同高；右掌外旋翻轉向下畫弧至胸前，掌心向上。目視前方。

後坐、蹺腳與兩拳變掌畫弧應協調一致，同步到位。後坐時，注意上體保持中正，不後仰、不歪斜。右膝放鬆，右腿不可挺直。

後坐拳變掌為吸氣。

【攻防含義】設對方向我胸、面部擊來，我身體後坐，同時右手由頭上方經面前下落以解之。

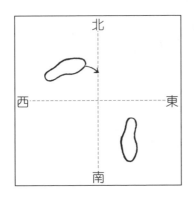

四十、左攬雀尾

(二)右轉體畫弧

重心前移，右腳尖外擺踏實，上體右轉。左掌向下向右微畫弧至體左側，掌心向下，掌指斜向前，約與腰同高；右掌內旋向下向右再向上，畫弧至體右側，與腰同高，掌心向下，掌指斜向前。頭隨身體自然轉動，目視右掌。

外擺腳、右轉體與兩掌畫弧應協調一致，同步到位。注意以腰帶臂運動。身體平穩中正，不可前傾歪斜。

右轉體畫弧為吸氣。

【攻防含義】設對方伸手向我右肋下進擊，我身體右轉，同時右掌由前向下向右畫弧以解之。

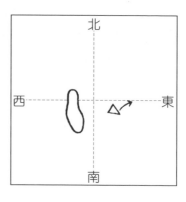

四十、左攬雀尾
（三）提腳右抱球

北

西 —————— 東

南

重心移至右腿，左腳收至右腳內側而不落地。右掌向上向左畫弧至胸前，掌心向下，掌指向左；左掌向下向右畫弧至右腹前，掌心向上，掌指向右；兩掌合抱，掌心相對。目視右掌前。

收腳與抱球要協調一致，同步到位。注意收左腳時，右腿微屈，不可直立。兩掌相抱時，鬆肩垂肘，不可揚肘、夾臂。注意上體中正，不得歪斜。

收步右抱球為呼氣。

【攻防含義】與「二、右攬雀尾」之（二）同。

四十、左攬雀尾
（四）微左轉上步

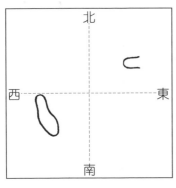

北

西　　　東

南

　　上體微左轉，左腳向前上步，腳跟著地。兩掌微分相合。目視前方。

　　左轉、上步與兩掌微分應協調一致，同步到位。上左步時，右腿應屈蹲以降低高度，左腳跟輕輕著地；重心在右腿，左膝放鬆，左腿不可挺直。注意上體中正，鬆腰坐胯，鬆肩垂肘。

　　微左轉上步為吸氣。

　　【攻防含義】與「二、右攬雀尾」之（三）同。

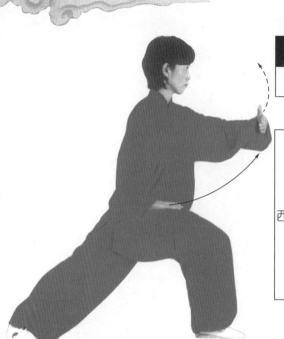

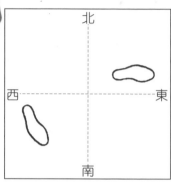

四十、左攬雀尾

（五）弓步掤分掌

　　重心前移，左腳落實，成左弓步。左前臂向前掤出，左掌掌心向內，掌指向右，高與肩平；右掌按於右胯旁，掌心向下，掌指向前。目視左掌前方。

　　弓步形成與左掤、右按掌要協調一致，同步到位。注意右腿應緩緩蹬直，使重心緩緩前移。弓步形成時，上體舒鬆中正，鬆腰沉胯。掤臂時臂呈弧形，力點在左前臂外側。左不揚肘，右不夾臂。

　　弓步掤分掌為呼氣。

　　【攻防含義】與「二、右攬雀尾」之（四）同。

四十二式太極拳競賽套路分解教學

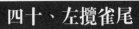

四十、左攬雀尾
(六)轉體前引掌

　　上體微左轉，左掌內旋翻轉向下，稍向前伸，掌心向下，腕與肩同高；右掌外旋翻轉向上，經腹前向上向前畫弧，伸至右前臂內側下方。目視左掌前方。

　　轉體與前伸掌應協調一致，同步到位。應以腰帶身帶臂運動。兩掌翻轉向前向上引伸速度要均勻。注意鬆肩垂肘，兩臂微屈，不可直臂。

　　轉體前引掌為吸氣。

　　【攻防含義】與「二、右攬雀尾」之（八）同，唯左右相反。

　　上體右轉，重心後移。兩掌下将，經腹前再向右後上方畫弧，右掌心斜向前，腕與肩平；左掌屈臂擺至右胸前，掌心向內。目視右掌方向。

　　後坐轉體、兩掌下将及擺舉應協調一致，同步到位。應以腰帶身帶臂運動，右腿屈蹲，左腿鬆膝，左腳踏實，不翹腳尖。重心後坐時上體不後仰，注意斂臀。

　　後坐轉體将為呼氣。

　　【攻防含義】與「二、右攬雀尾」之（九）同，唯左右相反。

四十、左攬雀尾

(八)左轉體搭腕

上體左轉，面向前方。右掌屈臂捲收，掌指貼附於左腕內側，指尖向上；左臂平屈橫於胸前，掌心向內，指尖向右。目視前方。

轉體、屈臂、搭腕應協調一致，同步到位。應以腰帶身帶臂運動。轉體時，鬆腰沉胯，右腿屈蹲，左腿鬆屈。定勢時，含胸拔背，鬆肩垂肘。

左轉體搭腕為吸氣。

【攻防含義】與「二、右攬雀尾」之（十）同，唯左右相反。

（九）左弓步前擠

　　重心前移，成左弓步。雙手臂向前擠出，兩臂撐圓；右掌指附於左腕內側，高與肩平。目視左前臂。

　　弓步形成與兩臂前擠應協調一致，同步到位。注意右腿應緩緩蹬直，保持身體中正，向前平移。定勢時，鬆腰沉胯，左膝不超過腳尖，兩臂弧形撐圓，鬆肩垂肘。

　　左弓步前擠為呼氣。

　　【攻防含義】與「二、右攬雀尾」之（十一）同，唯左右相反。

　　右掌經左掌上伸出，兩掌分開，與肩同寬，掌心均轉向下。目視前方。

　　兩掌翻分時，速度均勻，緩緩運動。翻掌與分掌要協調連貫。注意右掌從左掌上方前伸；邊翻邊分，不可突然翻掌。定勢時，兩臂不可僵直，兩肘不可外張。

　　向前翻分掌為吸氣。

　　【攻防含義】攻防接上動，當我用擠勢而對方出手攔截時，我順勢轉手，以雙掌蓋控其兩臂，使其施展不得。

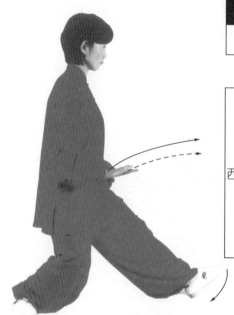

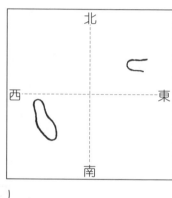

四十、左攬雀尾
（十一）後坐回收掌

身體後坐，左腳尖上蹺。兩臂屈肘，兩掌回收經胸前下落至腹前，掌心向前下方。目向前平視。

後坐與屈臂收掌應協調一致，同步到位。注意右腿屈蹲，左腿鬆膝，不可挺直，應使身體平移。鬆腰坐胯，上體保持中正，不可後仰或凸臀。兩臂屈肘回收，不夾臂，沉腕。含胸拔背。

後坐回收掌為吸氣。

【攻防含義】設對方伸雙手進犯，我即身體後坐，同時以兩手蓋壓對方兩臂，順勁塌掌後捋以解之。

四十、左攬雀尾
（十二）左弓步推掌

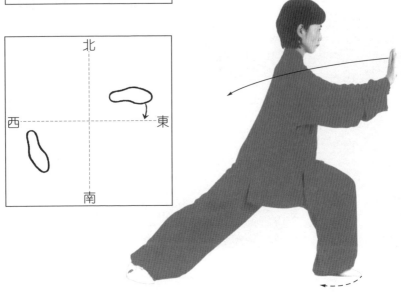

重心前移，成左弓步。兩掌平行向上向前按推，腕高與肩平，掌心向前，指尖向上，坐腕舒掌。目視前方。

弓步形成與兩掌按出應協調一致，同步到位。右腿應緩緩蹬直，鬆腰沉胯，使身體向前平移。兩掌推出時寬度不要超過雙肩，兩臂微屈，兩肘不外張，上體中正，不前傾。

左弓步推掌為呼氣。

【攻防含義】攻防接上動，當對方用雙手進攻被我以後坐塌掌使其落空後，我應緊接弓步雙按掌將對方打出。

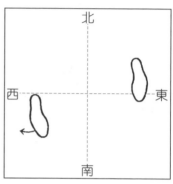

四一、十字手
(一)扣左腳轉體

北

西 —— 東

南

　　重心右移，上體右轉，左腳尖內扣。右掌隨身體右擺
至面前，掌心向外；左掌分於身體左側，掌心亦向外，兩
腕約與肩同高。目視右掌前方。

　　扣腳、轉體與擺掌應協調一致，同步到位。左扣腳要
到位，使腳尖朝前。兩腿微屈，重心偏於右腿。上體中
正，不前傾，不凸右胯。注意斂臀，兩臂微屈。

　　扣左腳轉體為吸氣。

　　【攻防含義】設對方從我右前側進擊，我右轉體擺掌
化解之。

四一、十字手
(二)擺右腳分掌

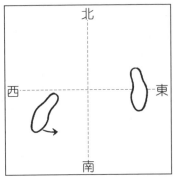

　　右腳外擺，重心右移，上體繼續右轉，左腿自然伸直。右掌擺至身體右側，兩掌左右平舉於身體兩側，兩肘微屈，掌心向前向外。目隨右掌。

　　擺腳、轉體與兩掌擺舉應協調一致，同步到位。擺腳分掌時身體不可前傾，應鬆腰沉胯，斂臀。兩臂分展時，胸應微內含，使兩掌舉於上體的側前方。

　　擺右腳分掌為吸氣。

　　【攻防含義】設對方出手腳向我右腰側進擊，我繼續右轉體，同時右掌繼續向右擺畫以解之。

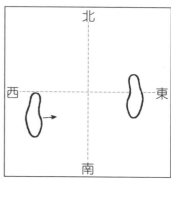

重心左移，右腳尖內扣，上體左轉。兩掌向下向內畫弧，於下胸前兩腕相交，右掌在外，掌心均斜向內。目視兩掌前。

扣腳、轉體與抱掌應協調一致，同步到位。扣腳、轉體、兩掌向下向內合抱時，不要低頭俯身和凸臀，過渡中注意鬆腰沉胯。

畫弧合抱掌為呼氣。

【攻防含義】設對方從我前方出手亂打，我即扣腳穩住重心，同時兩掌向內合抱封解之。

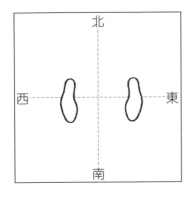

四一、十字手
(四)收步十字手

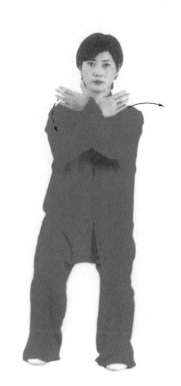

　　重心移向左腿，右腳內收，兩腳與肩同寬，腳尖向前，成開立步。隨即上體轉正，兩腿微直立。兩掌交叉成斜十字形抱於胸前，掌心向內，高與肩平。目視兩掌前。

　　收腳、踏實、身體轉正與抱掌十字手應協調一致，同步到位。收右腳時，左腿應微屈，不直立，保持身體平穩。待右腳踏實後，兩腿仍需微屈。兩手合抱時，兩腕相疊，兩臂撐圓於胸前，鬆肩垂肘，注意斂臀。

　　收步十字手為呼氣。

　　【攻防含義】攻防上除與上一動作有相同作用外，還可封架攔擋對方來犯的多種手法。

　　身體微上起，兩前臂內旋，兩掌邊翻轉、邊平行分開，與肩同寬，掌心向前下方。目視前方。

　　兩前臂內旋、兩掌翻轉和平行分開的速度要均勻，緩緩而行，以肩為軸，以臂帶手。注意兩腿微屈，不可直立。上體中正，不前傾。鬆肩垂肘，不聳肩。兩肘不外張。

　　旋臂平分掌為吸氣。

　　【攻防含義】設對方雙手向我胸部進犯，我以兩掌分開其兩臂而解之。

四二、收　勢
(二)起身下落掌

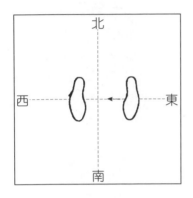

　　兩腿緩緩蹬直。同時兩掌下落至兩腿外側，鬆肩垂臂，上體自然中正。目視前方。

　　起身與下落掌應協調一致，同步到位。注意兩掌下落時，全身放鬆，氣沉丹田，鬆肩垂肘。落掌時兩臂不可僵直。

　　起身下落掌為呼氣。

　　【攻防含義】為以靜待動。

四二、收　勢

（三）收左步還原

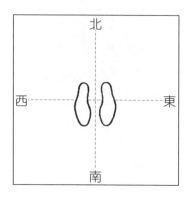

　　左腳收至右腳旁，兩腳併攏，腳尖向前，身體自然直立。呼吸平和均勻。目視前方。

　　收左腳時腳掌先落地，繼而全腳踏實，保持平穩而不晃動。兩臂下垂，兩手收至兩腿外側，掌心向內，指尖向下。兩腿膝部放鬆，避免兩腿挺直。全身舒適自然。

　　收左步還原以一吸一呼為宜。

歡迎至本公司購買書籍

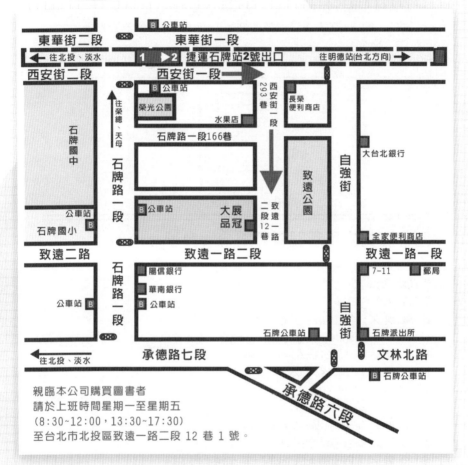

親臨本公司購買圖書者
請於上班時間星期一至星期五
(8:30~12:00，13:30~17:30)
至台北市北投區致遠一路二段 12 巷 1 號。

建議路線
1. 搭乘捷運‧公車
　　淡水線石牌站下車，由石牌捷運站 2 號出口出站(出站後靠右邊)，沿著捷運高架往台北方向走(往明德站方向)，其街名為西安街，約走100公尺(勿超過紅綠燈)，由西安街一段293巷進來(巷口有一公車站牌，站名為自強街口)，本公司位於致遠公園對面。搭公車者請於石牌站(石牌派出所)下車，走進自強街，遇致遠路口左轉，右手邊第一條巷子即為本社位置。

2. 自行開車或騎車
　　由承德路接石牌路，看到陽信銀行右轉，此條即為致遠一路二段，在遇到自強街(紅綠燈)前的巷子(致遠公園)左轉，即可看到本公司招牌。

國家圖書館出版品預行編目資料

四十二式太極拳競賽套路分解教學 ／ 張自山 編寫
——初版，——臺北市，大展，2012〔民101.09〕
　　面；21公分 ——（輕鬆學武術；11）
　　ISBN　978－957－468－899－9（平裝；附數位影音光碟）

1.太極拳

528.972　　　　　　　　　　　　　　　　　101013433

四十二式太極拳競賽套路分解教學 附DVD

編　　寫／張自山
責任編輯／邵　梅　陳　軍
發 行 人／蔡森明
出 版 者／大展出版社有限公司
社　　址／台北市北投區（石牌）致遠一路2段12巷1號
電　　話／（02）28236031・28236033・28233123
傳　　眞／（02）28272069
郵政劃撥／01669551
網　　址／www.dah-jaan.com.tw
E－mail／service@dah-jaan.com.tw
登 記 證／局版臺業字第2171號
承 印 者／傳興印刷有限公司
裝　　訂／建鑫裝訂有限公司
排 版 者／弘益電腦排版有限公司
授 權 者／安徽科學技術出版社
初版1刷／2012年（民101年）9月

定 價／300元